Pedro Horta
Anibal Maini

CRIANDO EXPERIÊNCIAS LUCRATIVAS

Estratégias poderosas para revolucionar o seu negócio!

Diretora
Rosely Boschini

Editora
Franciane Batagin

Assistente Editorial
Rafaella Carrilho

Controle de Produção
Fábio Esteves

Capa
Diogo China e Thiago Barros

Projeto Gráfico
Thiago Barros

Diagramação
Fernando Laino | Linea Editora

Ilustrações de miolo
Renan Torres

Preparação
Adriane A. Gozzo

Revisão
Fernanda Guerriero Antunes

Impressão
Edições Loyola

CARO LEITOR,

Queremos saber sua opinião
sobre nossos livros.
Após a leitura, curta-nos no
facebook.com/editoragentebr,
siga-nos no Twitter @EditoraGente,
no Instagram @editoragente
e visite-nos no site www.editoragente.com.br.
Cadastre-se e contribua com sugestões, críticas
ou elogios.

Copyright © 2021 by Pedro Horta e Anibal Maini
Todos os direitos desta edição são
reservados à Editora Gente.
Rua Original, nº 141/143 – Sumarezinho,
São Paulo – SP, CEP 05435-050
Telefone: (11) 3670-2500
Site: www.editoragente.com.br
E-mail: gente@editoragente.com.br

Dados Internacionais de Catalogação na Publicação (CIP)
Angélica Ilacqua CRB-8/7057

Horta, Pedro
   Criando experiências lucrativas: estratégias poderosas para revolucionar o
seu negócio! / Pedro Horta e Anibal Maini. -- 1. ed. -- São Paulo:
Autoridade, 2021.
   192 p.

   ISBN 978-65-88523-10-0

   1. Negócios 2. Sucesso nos negócios I. Título II. Maini, Anibal

21-1006   CDD 650.1

Índice para catálogo sistemático
1. Sucesso nos negócios

NOTA DA PUBLISHER

Que grande prazer poder contar com Pedro Horta e Anibal Maini no nosso *cast* de autores! Esses dois se definem como consultores, mas, na verdade, eles são muito mais do que isso. Não é só sobre ajudar pequenas e médias empresas a faturarem mais. Eles lidam com sonhos e projetos de vida e, é justamente por isso, que desempenham um papel tão importante no mundo em que vivemos.

Criando experiências lucrativas é o resultado de muito esforço e de uma generosidade sem tamanho. Aqui, Pedro e Anibal compartilham um método incrível, totalmente desenvolvido por eles, que certamente ajudará o leitor que estiver com esta obra em mãos.

Eu reafirmo o que eles dizem: muito mais importante do que um CNPJ são os CPFs que estão por trás de cada empreendimento. Tenha você também o prazer de conhecer esses caras sensacionais que se aventuraram nesta jornada literária. Boa leitura!

Rosely Boschini
CEO e Publisher da Editora Gente

DEDICATÓRIA

Pedro Horta, filho de Márcia e Pedro Paulo, irmão de Bruno, André e Vitor, pai do Davi e esposo da Patrícia.

Anibal Maini (Bil), filho de Carlos e Marly, casado com Aline.

Esta descrição, que mais parece um documento de identidade ou uma chamada ao palco do Faustão, diz muito sobre quem somos.

Basta conhecer essas pessoas que estão ao lado do nosso nome para saber quem somos. Vale muito mais que um sobrenome. É o ganho instantâneo de credibilidade.

Então nosso primeiro obrigado vai para Deus, por nos ter dado a nossa família.

Bom, se pessoas físicas tivessem slogan, gostaríamos que o nosso fosse: colecionadores de amigos.

Somos sortudos, iluminados, abençoados e gratos pelas amizades e por aqueles que passam em nossa vida. Sintam-se abraçados.

Quanto aos clientes, eles sabem que não são simplesmente clientes. Até começam assim, mas nós não aprendemos este lance de separar o pessoal do profissional. Nós teimamos em ficar amigos dos clientes e sofremos um bocado com essa escolha. Amigos, amigos, negócio faz parte!

Por isso, em vez de usar as marcas dos nossos clientes ativos, como portfólio deste livro, preferiremos citar seus nomes como pessoas físicas, pois amamos os CPFs muito mais que os CNPJs.

Se quiser levar para o lado pessoal, fique à vontade.

Pedro Horta e Anibal Maini, para vocês, amigos, Pedro e Bil!

CRIANDO EXPERIÊNCIAS LUCRATIVAS

Gratidão a todos vocês:

Adriana Motta, Adriana Nogueira, Adriana Vilaça, Adriano Salvi, Adriano Silva, Alan Estiguer, Alana Nobre, Alessandra Jordão, Alessandro Dall'orto, Alessandro Fernandes, Alexandre Elias, Alexandre Magno, Alexandre Miranda, Alexandre Silveira, Alexandre Zanini, Alexsander Trindade, Aline Mattos, Aluizio Brun, Álvaro Abreu, Álvaro Augusto, Amelie Falconi, Ana Lucia Esteves, Ana Paula Daibert, Ana Paula Telles, Ana Paula Vilhena, Ana Tereza Alvim, Anderson Little, Anderson Ribeiro, André Carvalho, André Dahbar, André Horta, André Lamas, André Salvi, André Souza, Andréa Rocha, Antônio Rogério de Souza, Arthur Maselli, Augusto Esteves, Augusto Motta, Bárbara Alves, Bernardo Merhi, Beto Nardelli, Brenno Neder, Bruno Azevedo (Neneca), Bruno Coelho, Bruno Esteves, Bruno Horta, Bruno Imbrizi, Bruno Ricardo Rocha, Bruno Souza, Caio Oruy, Calé Makla, Camila Oliveira, Carla Fonseca, Carlos Alberto Makla, Carlos Belini, Carlos Torres, Carmelita Lavorato, Carol Mascarenhas, Carol Portilho, Carolina Araújo, Célio Oliveira, Christian Arrabal, Christiane Cantelmo, Cláudia Carneiro, Cláudia de Freitas, Cláudia Ribeiro, Cláudia Toledo, Cláudio Mafra, Collen Machado, Cristiana Ramalho, Cristina Alves, Cristina Schettino, Daiane Oliveira, Daniel Bahia, Daniel Barbosa, Daniel Chinellato, Daniel Mafra, Daniel Ribeiro, Daniel Rocha, Danilo Martins, Davi Filgueiras, David Mafra, Delano Alves, Diego Clemente, Diego Esteves, Diego Longhi, Diogo Lessa, Dj Kureb, Dj Marley, Douglas Bacellar, Dyrving Gonçalves, Edison Stecca, Eduardo Cupolilo, Eduardo Junqueira, Eládio Gonzalez, Elaine de Paula, Eliane Granato, Elisângela Gonçalves (Tia Lili), Elisete de Souza, Ellen Lopes, Emerson Rodrigues, Fabiana Fávero, Fabiano Carvalho, Fábio César, Fábio Cezar Campos, Fábio Costa, Fábio Diniz, Fábio Galil, Fábio Imbrizi, Fábio Machado, Fábio Siqueira, Fabrício Capute, Fabrício Galil, Fabrício Papiro, Fausto Zaiden, Felipe Alvim, Felipe Amaral, Felipe Carneiro, Felipe Lawall, Felipe Mansur, Fernanda Perobelli, Fernanda Sahyone, Fernando Alvim, Fernando

6

DEDICATÓRIA

Mariz, Fernando Paiva, Fernando Sotrate, Filipe Falcão, Flávia Ribeiro, Flávio Ferreira, Flávio Oliveira, Flávio Toscano, Frederico Andrade (Ico), Gabriel Sartori, Gabriel Toledo, Gabriela Barbosa, Gema Ferraz, Geórgia Fabri, Gian Coutinho, Gilda Barbosa, Gildo Azevedo, Gildo Junior, Guilherme Granzinolli, Guilherme Couto, Guilherme Duarte, Guilherme Oliveira, Guilherme Oliveira, Guilherme Ferreira, Gustavo "Xuxu", Gustavo Gori, Gustavo Mascarenhas, Gustavo Sotto Maior, Hamilton Bandeira, Haroldo Oliveira, Heglison Toledo, Hélcio Costa, Heleno Vasconcelos, Heliane Machado, Hélio Fádel, Hoslany Fernandes, Hugo Amaral, Hugo Siqueira (Tugão), Humberto Lanzieri, Iago Cordeiro, Igor Schittini, Iolanda Toledo, Isabel Correa, Ivo Cunha, Ivo Lima, Jacir Salvi, Jack Maximiano, Jack Teixeira, Jaísa Castro, Janaína Kistenmacker, Jaqueline, Jeferson Duarte, Jefferson Borbobi, Jéssica Iris, João Batista, João Carlos Arantes Junior, João Guilherme Fernandes, João Kennedy, João Marcos Nunes, João Matos, João Paulo Oliveira, João Zuddio, Jonas Lombardi, Jonas Ribeiro, Jonas Ribeiro, Jone Loures, José Augusto Esteves, José Braz Lessa, José Eduardo Souza, José Geraldo Junior (Guina), José Humberto Viana, José Luiz Rodrigues, José Maurício da Rocha Junior, José Milton Rodrigues, José Paulo Junqueira, José Pedro Salvi, José Rocha, José Thomaz Junqueira, Joyce Boratto, Julia Hallack, Juliana Scher, Juliano Leite, Júlio César da Cunha, Júlio Ribeiro, Kamilla Gaudereto, Karina Cruz, Kathyana Ferreira, Laís Lamas, Leandro Brun, Leandro Garcia, Leandro Mostaro, Leidiane Flores, Leila Lamas, Leo Siviero, Leonardo Ferreira, Leonardo Marujo, Leonardo Mostaro, Leonardo Schlittler, Leslie Bohnenberger, Lessandro Hebert, Lídia Martins, Lílian Dahbar, Lílian Granzinolli, Lívia Nehme, Lucas Campos, Lucas Leite, Lucas Rezende, Lucas Salgado, Luciana Abreu, Luciano Esteves, Luciano Fernandes, Luciara Lopes, Luis Antonio Machado, Luís Fernando Fabri, Luise Benini, Luiz Antônio Correa (Totonho), Luiz Augusto Paiva, Magda Frossard, Marcão de Paula, Marcão Ribeiro, Marcel Lima, Marcelo Gonçalves, Marcelo Nader, Marcelo

CRIANDO EXPERIÊNCIAS LUCRATIVAS

Rodrigues, Marcelo Sepúlveda, Marcelo Toldo, Márcia Araújo Horta, Márcia Lombardi, Márcia Toledo, Márcio Cerqueira, Márcio Lopes, Marco Antônio Guarino, Marco Aurélio Marques, Marcos Cadinelli, Marcos Pinheiro, Marcus Abreu, Marcus Bruno (But), Mari Helen Ribeiro, Maria José Silva (Zeca), Maria Paula Schettino, Mariana Bellei, Mariana Dandiê, Mariana Leite, Mariana Sirimarco, Marina Domingues, Marina Guadalupe, Mario Martins, Marly Maini, Marta Martins, Matheus Botaro, Matheus Lopes, Matheus Toscano, Maurício Bara, Maurício Figueiredo, Mauro Duriguetto, Mauro Toledo, Mayer Vasconcellos, Maykon Gerhein, Messias Teixeira, Michael Almada, Michelle Azevedo, Miriam Cunha, Moa Siqueira, Mônica Sahyone, Mylliano Salomão, Natalia Domingues, Natália Oruy, Natália Torres, Nathalia Correa de Freitas, Nathália Mockdece, Nicolau Dahbar, Orestes Pedrosa, Orson Ribeiro, Osvaldo Almeida, Ottávio Schettino, Pablo Galil, Pablo Oazen, Papaulo Martins, Patrícia Daibert (Pequena), Paula Nogueira, Paula Novelino, Paulo Almeida, Paulo Barbosa, Paulo César Farinazzo (PC), Paulo Dahbar, Paulo de Tarso, Paulo Gontijo, Paulo Machado, Paulo Saliba, Paulo Salvi, Pedro Paulo Bismarck, Pedro Paulo Horta, Pedro Pedrosa, Pedro Toledo, Rafael Alvim, Rafael de Freitas, Rafael Leite, Rafael Merula, Rafaela Domingues, Ramiro Barceló, Raquel Mota, Raquel Oliveira, Rebeca Gonzalez, Regina Jordão, Renata Cruz, Renata Pereira, Renata Ribeiro, Renato Filgueiras, Ricardo Almeida (Rei), Ricardo Barbosa, Ricardo Campos (Bitelo), Ricardo Mendonça, Roberta Brandão, Roberta Cruz, Roberta Martins, Rodrigo Alvim, Rodrigo Araújo, Rodrigo Bohnenberger, Rodrigo Brun, Rodrigo Fávero, Rodrigo Gabry, Rodrigo Grenfell, Rodrigo Isidoro, Rodrigo Junqueira, Rodrigo Maffia, Rodrigo Mendes, Rodrigo Oliveira, Rodrigo Pina, Rodrigo Pinho, Rodrigo Schittini, Rodrigo Soares, Roger Belisário, Rogério de Souza, Rômulo Barroso, Rômulo de Souza, Ronnie Girardi, Rosane Esteves, Sabrina Castro, Saliza Seródio, Samuel Lopes, Sandro Ofenboeck, Sandro Silva, Sandro Vieira, Selma Lopes, Sérgio Alves, Sérgio Oruy, Seu Arthur (*in memoriam*), Shirlei Brun,

DEDICATÓRIA

Simone Brandão, Sônia Oruy, Soraia Bechelaini, Sura Oliveira, Tamiris Mota, Tatiana Araújo, Thales Sarchis, Thanius Sarchis, Thiago Neves, Tiago Curcio, Tiago Zambiasi, Tomé Rezende, Vagner Neiva, Vanessa Bechelaini, Vanilton Guilherme, Vanilton Matheus, Vera Siqueira, Victor Brun, Vinícius Guarnieiri, Vinícius Rodrigues, Vinícius Scarlatelli, Vinícius Schettino, Vitor Fernandes, Vitor Horta, Vitor Paiva, Vitor Pedrosa, Vivian Pinheiro, Wagner Garcia, Wagner Sarchis, Waldecyr da Silva Carvalho, Walmir Domingues, Walter Borboni, Waltinho Loures, Wesley Matheus, Wesley Oliveira, Willian Oliveira, Wilza Chaves (tia Wilza), Yoshio Shubo.

SUMÁRIO

PREFÁCIO – Pandemia de ideias... 13

INTRODUÇÃO – Este livro serve pra quem?............................... 17

O perigoso universo dos pequenos negócios.................................. 17

De quem é a culpa?.. 18

1. A ALMA DO NEGÓCIO... 20

Pessoa jurídica: do parto ao registro 21

O DNA e a pessoa física 22

O carma: problemas são as grandes oportunidades....................... 26

2. O MÉTODO POLE 30

Pole: a origem 31

GPME: uma história curta com um propósito intenso..................... 31

O método Pole: colocando o propósito em prática 36

3. PRODUTO 38

Produto ou solução?.. 39

Produto para quem precisa de produto 40

Em busca do "produto perfeito" 42

O preço: quanto cobrar? 43

Posicionamento: o preço é muito mais que uma cifra..................... 47

O valor agregado está sendo percebido?.. 53

Viabilidade: o produto se encaixa no mercado?......................... 57

Adequando e encaixando o produto 60

Muito além do cachorro-quente.. 66

4. OPERAÇÃO... 70

A máquina de resolver problemas 71

Pessoas: recursos dotados de consciência 73

Gestão da operação: como tocar a empresa...................... 81

Mais vale uma bagunça lucrativa do que um prejuízo organizado 90

Registrando, apurando e controlando............................... 93

5. LIQUIDEZ 108

O nascimento do lucro 109

A balança "liquidez × rentabilidade"............................... 110

Fluxo de caixa livre: o lucro que realmente existe 112

Prazo: cada coisa no seu tempo 117

Comprar à vista ou financiar?... 118

O medo dos juros 121

O que fazer com o lucro?... 124

Remunerando os sócios.. 125

Lutando com as dívidas.. 128

6. EXPANSÃO.. 136

A dor do crescimento... 137

Cabeça nas nuvens, pés no chão 138

Painel de instrumentos: aprendendo a voar 140

Plano de voo: traçando o roteiro..................................... 142

Plano de expansão.. 143

O voo de Itamarati de Minas para o Brasil...................... 149

CRIANDO EXPERIÊNCIAS LUCRATIVAS

Combustível: abastecendo a aeronave 152

Tração: ligando as turbinas e decolando 158

A jornada de compras 159

O funil de vendas 163

Como captar clientes 167

Como vender para clientes 175

Como reter clientes 184

7. CONCLUSÃO 188

Criando experiências lucrativas 189

POSFÁCIO – Ainda muito difícil... 191

PREFÁCIO

PANDEMIA DE IDEIAS

Prefácio, nada fácil.

O ano é 2020. Hoje é dia 15 de abril. Sim, abril de 2020.

Este mês estará para sempre em todos os livros de história. Parece ficção científica, daquelas bem ruins, mas é a verdade.

Um vírus originário do morcego – segundo os cientistas – se instalou em um mercadão chinês, espalhou-se rapidamente por todos os países do mundo, matou centenas de milhares de pessoas (até agora) e obrigou toda a população a se isolar em casa. E não sabemos até onde esses números vão chegar.

É sério? Prefiro filmes de zumbi. Mas é sério. E não é filme...

Estou de quarentena, trabalhando em home office, 24 horas por dia, atendendo mais de 200 clientes completamente desesperados. Os comércios estão fechados, exceto aqueles que atendem necessidades básicas da população. As indústrias enfrentando séria defasagem de demanda e complicadores logísticos.

As empresas de serviços, como a minha, enfrentando a maior inadimplência de todos os tempos, além da dificuldade de organizar a equipe a distância.

Até o momento não há vacina, não há remédio, não há clareza nos direcionamentos políticos e não há homogeneidade na tomada de decisões entre os países. Não há um rumo e não há previsão de voltar à normalidade. Bem doido escrever isso, pareço um louco no sinal, com um cartaz pendurado, anunciando o fim dos tempos.

CRIANDO EXPERIÊNCIAS LUCRATIVAS

Mas louco mesmo é não poder sair de casa. Não tem ninguém na rua com cartaz no semáforo. Não há demanda de veículos que justifique. Literalmente, está ruim para todo mundo.

Hoje completo o primeiro mês em casa. Um mês. Um mês com meu filho sem aulas presenciais e sentindo saudades da escola. Mas estar perto dele é a melhor parte disso tudo. Um mês que não visito meus pais. Agora os vejo por ferramentas de videoconferência. O nariz do meu pai fica gigante na tela, ele não consegue acertar o foco.

Um mês com a minha esposa em casa, sem poder atender no seu consultório e tendo que realizar muitas tarefas domésticas, com e sem a minha ajuda e, graças a Deus, sem reclamar. Bom, como pretendo levar de seis a oito semanas escrevendo este livro, pode ser que eu tenha que deletar esta parte.

Faz um mês que montei o meu escritório na cobertura do meu apartamento, no pequeno quarto de brinquedos do meu filho. Aqui em cima, fico eu e os dois cagões, Kadu e Fred, meus cachorros. Para eles, nada mudou: comem e cagam como se não houvesse amanhã. Estão literalmente cagando e andando para toda essa situação. Gosto de olhar para eles enquanto trabalho. Isso me faz até pensar que o mundo vai voltar ao normal. O normal é que não será igual. O mundo vai mudar, muita coisa para melhor.

Mas vamos aos sentimentos.

Neste mês, já chorei de tristeza vendo vidas humanas virando números, gráficos e curvas ascendentes. Já chorei de desespero vendo e imaginando o drama dessas famílias. Já sofri, senti angústia, ansiedade e sentimento de impotência. Já me revoltei. Já pensei em conspirações loucas. E, às vezes, ainda penso, confesso.

Já sorri com alegria vendo a criatividade e a solidariedade dos seres humanos ao gerarem felicidade para outros. Já vibrei com clientes que reinventaram seus negócios em poucos dias e estão se virando muito bem. Já briguei com outros empresários que não pensaram coletivamente em momento

PREFÁCIO

algum, ignorando o clamor do mundo por solidariedade e preocupando-se apenas com seu próprio umbigo. Enfim, muitas informações, boas e ruins, ao mesmo tempo. Período bem reflexivo.

Mas este livro não é uma reflexão e muito menos uma lição de moral. Neste mês, que parece um ano, de tanto estresse e pressão concentrada, aprendi muitas coisas sobre autoconhecimento e sobre as coisas realmente importantes da vida.

Daria até para escrever um livro de autoajuda, mas para isso já temos muitos autores mais competentes. Inclusive, estou esperando pelo novo livro do Augusto Cury. Li dois livros dele neste mês.

E por que, então, decidi escrever? A resposta é simples: já plantei um pé de feijão e já fiz um filho lindo. Faltava só escrever um livro.

Brincadeiras à parte, quando me vejo sendo útil, sendo alento aos meus queridos clientes (que já viraram meus amigos), me sinto bem. E quando vejo o desespero de tantos empresários desamparados, penso que deveria estender a razão social da minha empresa para o máximo de pessoas possível. Estamos aqui produzindo diversos conteúdos e compartilhando em todos os grupos empresariais possíveis. Mas vi que isso não é o bastante para mim.

Não sou muito bom em gravar vídeos e fazer *lives*. Mesmo assim, estou fazendo isso o dia inteiro. Mas eu ainda precisava de um silêncio comigo mesmo, por isso escolhi a escrita. Mais do que nunca, o mundo empresarial precisa disso. Reinvenção, mente disruptiva, criatividade, geração de valor e outros termos da moda, mas, principalmente, gerar uma experiência real que encante o cliente, que gere empregos e resultado para todos os envolvidos.

Teria muito a dizer sobre muitos temas e um monte de besteiras para falar também. Mas vou me concentrar apenas no que domino e no que me sinto útil a ajudar: construir experiências lucrativas.

Estamos vivendo a maior das crises, mas também um mar de oportunidades. E não é hora para oportunistas. Faça o bem, bem-feito, e essa é a hora! É o que vou tentar mostrar nas próximas páginas, prometo.

Apesar de narrar o contexto no qual me encontro escrevendo este livro, daqui para frente, não vou citar a pandemia e esta crise louca em momento algum. Este é um livro atemporal. O que vou compartilhar aqui pratico por meio da minha empresa há quase quinze anos.

É importantíssimo dizer que, apesar de esse prefácio estar em primeira pessoa, o livro não é meu. Ou melhor, não é só meu. Divido todos os méritos e a autoria desta peça com o meu sócio Anibal Maini, o Bil. O cara mais inteligente que conheço, coautor intelectual e braçal de cada linha escrita daqui para frente.

Todo conhecimento compartilhado foi construído por ele, por mim e por nossa equipe ao longo destes anos, com destaque especial aos nossos consultores associados André Horta e Rafael Alvim.

Nós – e aqui só cabe a primeira pessoa do plural – já ajudamos mais de quinhentas empresas brasileiras, já visitamos mais de cem cidades do território nacional, já capacitamos milhares de gestores e esperamos com este projeto abraçar o máximo de pessoas possíveis, ajudando-as na geração e distribuição de riqueza por meio do movimento empreendedor.

Já viramos a mesa em jogos difíceis – alguns quase perdidos –, e esta crise nos traz de volta para a essência de reinventar negócios, identificar problemas, criar soluções, gerar empregos e resultados. Vamos com a raça e o talento dos grandes empreendedores brasileiros!

Amamos o que fazemos e é com este amor e entusiasmo que vamos discorrer por estas linhas, de coração aberto compartilhando todas as estratégias desenvolvidas por nosso time.

Vem comigo, vem com a gente, vamos juntos! Acredito que, no fim, ainda vamos rir disso tudo!

Pedro Horta

INTRODUÇÃO

ESTE LIVRO SERVE PRA QUEM?

Este é um projeto da nossa empresa, a GPME Expansão e Estruturação de Negócios. Sua história será brevemente descrita, em capítulos posteriores, mas, definitivamente, não é sobre ela que vamos tratar aqui. Não nos consideramos um *case* de sucesso. Somos apenas um parágrafo nas lindas histórias de alguns clientes. Estas, sim, seriam belas biografias.

Todo o conteúdo exposto aqui é destinado às micro, pequenas e médias empresas brasileiras (MPMEs) que compõem a esmagadora maioria dos negócios deste país.

Existem diversos critérios para definição dessas empresas, desde critérios socioeconômicos, tributários e trabalhistas, até sanitários. A Agência Nacional de Vigilância Sanitária (Anvisa), o Instituto Brasileiro de Geografia e Estatística (IBGE), o Banco Nacional de Desenvolvimento (BNDES) e a legislação brasileira (Lei Geral de Pequenas e Médias Empresas) possuem classificações próprias para essas categorias de empresas.

Aqui, vamos tratar a classificação na mesma linha do BNDES, considerando empresas com faturamento de até 300 milhões de reais anuais. Perdoem qualquer gafe no critério utilizado, mas prometo não ser tão relevante esse enquadramento para a compreensão do nosso plano.

Vamos aos fatos.

O PERIGOSO UNIVERSO DOS PEQUENOS NEGÓCIOS

Você sabia que mais de 95% das empresas brasileiras são classificadas como micro, pequenas ou médias empresas (MPEs e PMEs)?

CRIANDO EXPERIÊNCIAS LUCRATIVAS

E você sabia que o número de novos negócios (MPEs e PMEs), abertos anualmente no país cresce absurdamente?

Isso mostra que somos um país com vocação empreendedora. Esta capacidade do brasileiro de criar, inovar e tirar uma ideia do papel é a única chance de "salvar o Brasil" da especulação, da vitimização e da dependência dos grandes cartéis mundiais.

Só tem um problema: mais da metade dessas empresas que estão abrindo suas portas hoje estará fora do mercado em três ou quatro anos. Segundo estatísticas de diversos órgãos – como o Serviço Brasileiro de Apoio às Micro e Pequenas Empresas (Sebrae) –, a mortalidade precoce das pequenas e médias empresas continua muito alta, assustando os novos empreendedores.

E qual é o motivo dessa "desistência" tão cedo?

Poderíamos, aqui, adotar um discurso pessimista, dizendo que a culpa é do governo, da carga tributária, da legislação trabalhista, da recessão econômica, da falta de crédito etc.

Mas não faremos isso.

DE QUEM É A CULPA?

A culpa é da falta de educação.

O Brasil é um país mal-educado em todas as esferas, mas principalmente na educação corporativa. Somos um país formador de empreendedores, mas não formamos empresários. Temos um DNA jovem, preparado para criar e driblar, mas não fomos educados com o senso coletivo do jogo em equipe e da administração de multivariáveis. Em resumo, somos empreendedores peladeiros, não somos jogadores profissionais.

Logicamente, estamos generalizando, e existe uma gama de empresários superpreparados e que estão surpreendendo o mundo com seus negócios. Mas o alerta segue para a imensa maioria – as estatísticas não me deixam mentir – que não consegue decolar, por não conhecer o painel de controle da sua própria aeronave.

INTRODUÇÃO

Temos de olhar pra dentro e avaliar nossos erros e nossas decisões. Não compartilhamos conhecimento suficiente, não aprendemos nem ensinamos como deveríamos.

Temos um modelo educacional retrógrado, que começa na educação básica e segue um padrão corporativista, que impõe restrições acadêmicas àqueles que realmente poderiam ensinar como a vida empresarial funciona na prática. Somos amarrados, sim, pelas brigas e pelos interesses políticos, mas também pelos egos inflados e pela aversão ao trauma da mudança.

Seguimos driblando essas dificuldades e empreendendo.

E tem um lado bom nisso. Bom, não, ótimo! Ainda sabemos driblar, e, acreditem, é mais fácil um empreendedor driblador, criativo e ousado aprender a tocar a bola do que um empresário esforçado e metódico aprender a criar novas jogadas. Certo?

Só tem um problema: estamos desaprendendo a criar, também. Estão inibindo, dia a dia, o nosso potencial criativo.

Ouvi outro dia uma verdade.

Estamos sendo cada vez mais viciados a marcar um "x" em uma resposta certa, de uma prova repetitiva que não nos convida a pensar, e sim a decorar respostas preestabelecidas que esperam de nós.

E isso é um perigo. Se seguirmos essa linha, seremos vendedores de *commodities*, sem escala e sem tecnologia. Esse "mais do mesmo" não combina com o povo brasileiro.

Nos próximos capítulos, pretendemos potencializar o talento criativo do empreendedor brasileiro, por meio de um modelo de gestão forte, pautado em entusiasmo, mentalidade vencedora, otimismo e foco nos resultados e na solução de problemas reais. Vamos debater a construção de uma empresa de sucesso, desde o seu nascimento até a glória.

Esperamos ajudar a conquistar e a surpreender o Tio Sam com a nossa batucada empreendedora, contribuindo para uma transformação que faça dos negócios brasileiros o maior show da Terra, daqueles que, de fevereiro em fevereiro, só o Brasil sabe fazer. Aquele abraço!

1.
A ALMA DO NEGÓCIO

PESSOA JURÍDICA: DO PARTO AO REGISTRO

Primeiro ato. Uma empresa não é um CNPJ. Assim como uma pessoa não é um CPF. Portanto, para abrir uma empresa, procurar um contador para fazer um Cadastro Nacional de Pessoa Jurídica está longe de ser o primeiro passo.

Uma empresa não é um contrato social, assim como uma pessoa não é uma certidão de nascimento. Mas no contrato social existe um termo que pode fazer toda a diferença: RAZÃO SOCIAL.

Razão social não deveria ser somente o nome comercial de uma empresa, ao contrário do que muitos pensam e de como uma busca no Google vai descrevê-la.

O significado de razão social está na tradução literal do termo: razão (motivo pelo qual) social (sociedade), ou seja, toda empresa deve nascer sabendo o motivo pelo qual ela se fará útil à sociedade. Uma empresa é uma pessoa jurídica que deve vir ao mundo com um propósito, munida de uma alma, disposta a fazer a diferença e resolver um problema para as outras pessoas, físicas e/ou jurídicas.

Daí vem a necessidade de um contrato social. Você e a sociedade estão firmando um pacto que justifique sua existência. E é bom fazer jus a essa existência, pois a sociedade vai cobrar.

Então, antes de abrir um novo negócio, o empreendedor deve se perguntar se a proposta concebida vai satisfazer a alguma necessidade para a coletividade.

Ao responder a essas perguntas, o empreendedor estará criando o que chamamos de "missão". Esse termo que tanto se banalizou nada mais é do que uma narrativa explícita daquilo que estava guardado na alma da empresa quando ela nasceu.

Portanto, pra confundir um pouco mais, podemos dizer que a "missão" é a "razão social" da empresa. Essa reflexão é o primeiro passo para começar a empreender um negócio.

CRIANDO EXPERIÊNCIAS LUCRATIVAS

Pense bem antes de colocar uma filha jurídica no mundo. Você não quer que ela seja uma pessoa jurídica qualquer. Mas, para que se sobressaia, se destaque e tenha felicidade, ela precisa ser educada, cuidada com carinho, alimentada de boas ações e boas perspectivas.

Entenda que ela terá uma curva de aprendizado e precisará de apoio e maturidade de seu progenitor para enfrentar os desafios da vida e ser feliz! Não cobre uma velocidade além da conta, não a deixe para trás também. Preste atenção nos detalhes da sua infância, oriente nas transformações e esteja por perto, até que tenha capacidade de bater asas e tomar suas próprias decisões.

Compreende agora por que chamamos empresas de PESSOAS jurídicas?

O DNA E A PESSOA FÍSICA

Assim como nós, pessoas físicas, possuímos um DNA e carregamos informações genéticas transmitidas por nossos pais, as pessoas jurídicas também carregam a memória, o conhecimento e os genes de seus criadores. Assim sendo, as características dos empreendedores estarão sempre presentes no "material genético" de uma empresa.

O pacote de qualidades e defeitos do empresário, bem como seus talentos, suas vocações, seus aprendizados e suas frustrações, faz parte do DNA da sua criação, a empresa.

Ao entender isso, devemos nos perguntar: "Em que somos realmente diferentes?". E ainda: "Como nossas habilidades e características poderiam nos ajudar a criar uma solução para uma necessidade social?".

Parece romântico demais.

Você deve estar se perguntando: mas e o lucro?

Veremos mais adiante que o lucro não é uma maleta de dinheiro. O lucro é um indicador de performance, uma medida de progresso, uma contrapartida por uma entrega bem-feita. O lucro é a recompensa devolvida pela sociedade pelo cumprimento do pacto social firmado na concepção.

1. A ALMA DO NEGÓCIO

As empresas mais lucrativas do mundo não nasceram com o propósito de lucrar. O lucro foi sem querer, não foi de propósito.

O propósito, no caso, foi outro. E foi justamente a existência de um propósito, de uma missão, de uma razão social, que fez toda a diferença.

Então, pode confiar: se você não fizer por amor à causa ou se não gostar muito do que faz, não vai dar certo. Mas entenda uma coisa: gostar do que faz é bem diferente de fazer o que gosta. Vamos refletir sobre isso.

Ronaldinho Gaúcho, um dos maiores jogadores de todos os tempos, foi desde criança um apaixonado por jogar futebol e conseguiu se tornar jogador profissional de futebol.

Ele conseguiu fazer o que gostava de fazer?

Em parte.

Um jogador de futebol só joga futebol efetivamente de uma a duas vezes por semana. Nos demais dias, ele treina fundamentos, absorve informações táticas, faz fisioterapias, fortalecimento muscular, participa de reuniões, preleções, entrevistas coletivas, comerciais, entre várias outras funções ligadas à gestão da sua carreira.

Existe uma frase linda que diz "faça o que gostas e nunca mais trabalharás". Ela é linda, mas é perigosa.

Essa frase nos leva a confundir nossos *hobbies* com nosso *business*. E isso é tão problemático que, muitas vezes, tem efeito reverso e nos leva a detestar os *hobbies*.

Voltando ao caso do Ronaldinho Gaúcho, bem resumidamente, porque talvez você não goste tanto assim de futebol. Ele teve uma curva de felicidade em sua carreira. A motivação foi caindo à medida que ele atingia objetivos. Ele conseguiu sanar suas necessidades primárias (básicas), elevando seu padrão econômico. Em seguida, tornou-se um fenômeno de popularidade, mudando bruscamente o seu padrão social e comportamental. Por fim, atingiu a autorrealização, o ápice da carreira, consagrando-se o maior jogador do mundo. O que mais faltava? Por que a curva de felicidade caiu?

23

CRIANDO EXPERIÊNCIAS LUCRATIVAS

Segundo depoimentos do próprio astro, ele perdeu a alegria de jogar futebol. Entenderam?

Perdeu a alegria de jogar futebol devido ao fato de praticamente não "brincar" mais de futebol. O hobby virou *business*. O hobby ficou chato.

Observe o próprio Ronaldinho Gaúcho, em torneios amistosos, como lembra aquele garoto alegre que começou a carreira. É a prova viva de que ele gosta do *hobby* quando ele não é o seu *business*.

Mas, agora, vamos falar de pessoas normais. Ronaldinho Gaúcho parece muito distante da nossa realidade. Certo?

Vamos falar de um amigo, o Zé. Tem nome mais comum?

O Zé gostava de beber cerveja, comer tira-gosto e curtia como ninguém um bate-papo com os amigos.

Como quase todo Zé, ele era um cara polêmico, mas boa-praça, de papo agradável. Adorava contar uma piada e uma história sacana.

O Zé era aquele cara cheio de grupos de WhatsApp, que mandava memes e sacanagem o dia inteiro para os amigos. Conhece alguém assim?

Certo dia, cansado de seu emprego em um escritório de contabilidade, que pertencia ao seu tio, Zé tomou uma decisão: "Vou abrir meu próprio negócio!". Ele estava farto daquela rotina e teve esse pensamento libertador.

Assim, começou a pesquisar oportunidades e avaliar mercados. Fez cursos de empreendedorismo, assinou revistas eletrônicas de negócios, até que se deparou com aquela frase perigosa "faça o que gostas e nunca mais trabalharás". Lembra-se dela? Pronto!

Advinha só: o Zé montou o inédito "Bar do Zé". *Pah!*

A logomarca desenvolvida por um amigo tinha a sua caricatura, com aquelas bochechas gordinhas vermelhas, cabelo bagunçado e óculos quadrados. Era até legal.

A explicação para a abertura do bar é óbvia, mas cabe repetir as palavras do Zé: "Vou passar todos os dias da minha vida cercado de pessoas

24

1. A ALMA DO NEGÓCIO

alegres em um ambiente que domino e adoro. Eu deveria pagar por um trabalho desses".

Mal sabia ele que pagaria muito caro.

Não, não vamos contar toda a saga do Zé. A história é comum e um tanto depressiva. Vamos direto ao desfecho. O negócio quebrou, e o Zé se endividou.

Durou um ano e meio. O suficiente para o Zé descobrir a única coisa que um apaixonado por boteco não pode fazer nunca: abrir um boteco.

Limpar banheiro, lidar com bêbados, conduzir uma equipe de pessoas, trabalhar enquanto todos se divertem, garantir a diversão alheia, lidar com a pressa, com a sede, com a fome, com a climatização, cumprir normas sanitárias, leis trabalhistas, regras tributárias, enfim...

Esse era o *business*. E ele não levava o menor jeito para isso.

A alimentação e o entretenimento certamente são ramos de alta mortalidade precoce de negócios, exatamente pela confusão perigosa do hobby com o *business*.

Lembra-se do Ronaldinho? Ele só queria driblar, fazer gols, alegrar pessoas. O Zé também.

Mas há uma grande diferença entre os dois. O Ronaldinho era talentoso naquilo que fazia, era um dos melhores de todos os tempos. Já o Zé era um desastre como dono de bar, talvez um dos piores.

Voltando ao título do capítulo: o DNA e a pessoa física.

O Ronaldinho Gaúcho cumpriu a missão dele aproveitando todo o seu talento, todo o seu DNA, todas as suas habilidades, e foi um sucesso! Para alguns estudiosos do futebol, só faltou aprender a gostar do que fazia, e não apenas fazer o que gostava. Assim, ele alongaria muito sua trajetória.

Imagine um gênio como Ronaldinho Gaúcho 100% dedicado em seus treinamentos. Comprometido, focado, competitivo e amando treinar, possivelmente seria o maior atleta de todos os tempos.

CRIANDO EXPERIÊNCIAS LUCRATIVAS

Alguns jogadores muito menos talentosos foram mais dedicados e ganharam mais prêmios que o nosso Ronaldinho Gaúcho. (Que saudade do bruxo em campo!)

E o Zé?

Fez tudo errado, confundindo *hobby* com negócio. Deixou de ver o que realmente era importante ao abrir uma pessoa jurídica, quais eram as necessidades para mantê-la ativa, saudável, feliz. O erro que o Zé cometeu é o erro mais comum entre as pessoas que passam a empreender: achar que abrir um negócio de que gosta o libertará do antigo patrão, da rotina na qual ele mesmo se colocou ou da situação financeira em que se encontra.

E agora, José?

Agora ele vai ler este livro, assim como você, e vai ser um sucesso na vida, porque em seu DNA há características e habilidades fantásticas para serem exploradas. Todos somos milagres da vida e temos guardadas em nós capacidades inimagináveis; basta aprendermos a nos conhecer.

Como dissemos anteriormente, os negócios de sucesso nascem com propósitos, com alma e destinados a cumprirem uma razão social. A pessoa jurídica nasce para resolver PROBLEMAS de outras pessoas, e não apenas os do seu criador.

E o que você ganha com isso?

Depende. Se muitas pessoas ganharem muito com o que você se propõe a fazer, há grandes chances de você ganhar também.

O CARMA: PROBLEMAS SÃO AS GRANDES OPORTUNIDADES

Os seres humanos mais místicos adoram colocar a culpa dos problemas ou a sorte das soluções no carma. É como se fosse um destino ou um fardo. Uma preconcepção. Uma lei de causa e efeito desenhada.

Quem nunca ouviu alguém dizer: "Ai, meu Deus, este problema nunca se resolve! Isso só pode ser carma!"?

26

1. A ALMA DO NEGÓCIO

O carma é definido de maneiras diferentes, pelas variadas correntes ideológicas. Nem todas têm essa reflexão pessimista, como a citada anteriormente. No mundo empresarial, pensamos no carma, ou no problema, como um presente.

As empresas de sucesso nascem para resolver problemas. Fato.

O sucesso do Google é óbvio. Ele resolve de tudo um pouco, levando seu cliente ao encontro de todas as soluções. O Google resolve quatro problemas mágicos que podem ser chamados de as dúvidas cruciais do mundo moderno:

- **To know (o que você quer saber/aprender?);**
- **To go (aonde você quer ir?);**
- **To do (o que você quer fazer?);**
- **To buy (o que você quer comprar?).**

Costumamos dizer que, em tempos de Google, mais valem as perguntas certas do que as respostas.

Mas falar de Google é quase igual a dar exemplo de Ronaldinho Gaúcho. Não vale. É covardia.

Vamos falar da Uber, que juntou a necessidade de emprego de uma população, um problema grave na oferta de transporte e a baixa qualidade dos serviços de táxi. Mudou o jogo.

Vamos falar das clínicas odontológicas que perceberam uma população gigantesca precisando de dentistas e uma infinidade de dentistas recém-formados, sem pacientes e sem capital para montar seus consultórios. São dezenas de milhares dessas clínicas gerando oportunidades de renda pelo país.

Vamos falar do iFood, que criou uma verdadeira praça de alimentação na casa das pessoas.

Vamos falar dos *coaches*. Sim, essa profissão tão recente e explosiva que permitiu que seres "humanos comuns" encontrassem cura para seus problemas com a inteligência emocional e ainda se tornassem profissionais dessa

CRIANDO EXPERIÊNCIAS LUCRATIVAS

cura, em um mercado cada vez mais imerso e enfraquecido em problemas psíquicos. A solidão cria oportunidades.

Vamos citar alguns de nossos clientes, para tangibilizar ainda mais a questão.

Vamos falar do Pello Menos, conhecem? O Pello Menos é um instituto de depilação pioneiro no país. Ele surgiu da mente e da força de uma empreendedora que percebeu a falta de tempo da mulher moderna e criou a primeira clínica de depilação sem hora marcada do Brasil. O serviço de depilar, antes visto como algo extremamente conservador e reservado, que causava transtornos e agendamentos prévios, foi remodelado por completo, sendo compreendido como um serviço de estética, higiene e beleza, fundamental para a vida de mulher contemporânea.

Hoje, o Pello Menos é uma marca nacional, com planos expansionistas internacionais, reconhecida até por seus concorrentes como a marca que mudou um hábito de consumo de um serviço básico e íntimo, valorizando o tempo da mulher. A moda desses institutos se espalhou pelo mundo todo em um movimento apelidado *Brazilian Wax*.

Vamos falar da Chico Rei – Indústria e E-commerce de camisetas, simplesmente a maior camiseteria da América Latina. Uma empresa com nome de um escravo lendário que comprou a própria liberdade e a de seu povo. A Chico Rei, que carrega seu nome na alma, além da libertação completa de suas estampas criativas, estendeu ainda mais seus planos libertários com o projeto "Camisetas Mudam o Mundo". A última deles foi dar oportunidades a detentos de uma penitenciária em sua cidade sede de produzirem camisetas. A iniciativa reduz a pena dos prisioneiros, gera aprendizado, amplia a oportunidade futura, liberta a mente do cárcere e ainda reduz custos de produção da empresa. Fantástico e libertador, como a história do escravo Chico Rei.

Citamos uma indústria, um e-commerce e uma empresa de serviços, mas podemos citar milhares de empresas em todos os segmentos e vamos constatar o que Philip Kotler – o Pelé do marketing – já tinha tentado nos ensinar

1. A ALMA DO NEGÓCIO

anos atrás: o sucesso de uma empresa nasce da oportunidade de sanar uma necessidade (problema) não atendida ou mal atendida na sociedade.

Nesse sentido, devemos pensar que, onde há problemas, há oportunidades. Se há crise, há um oceano de possibilidades. Viva o problema.

Mas calma! Não se apaixone por problemas a ponto de criá-los. Não seja um garoto-problema.

Os problemas existem, não são criados. O que criamos ou adaptamos são as soluções.

Portanto, não devemos inventar problemas, mas, sim, identificá-los. É como um diagnóstico em uma consulta médica. Avalie o mercado e o organismo empresarial e veja o que funciona bem e o que não vai tão bem assim.

Faça uma lista. Isso é fácil. Achar problema é uma das grandes habilidades do ser humano. Mas, em vez de fugir deles ou de empurrá-los para debaixo do tapete, vamos expor e explorar os problemas. Sem dúvida, será um excelente exercício para a mente. Ressignificar problemas pode ajudá-lo a entender melhor a sua vida e poupar grandes sofrimentos, além de gerar ótimas oportunidades.

Quando uma coisa o irritar, pense: será que isso irrita mais alguém? Caso a resposta seja não, o problema é você. Caso seja sim, busque uma solução, e aí poderá começar a ser gerado o embrião de um grande negócio.

Após perceber e listar esses problemas, como criar as soluções?

Aí é que está a mágica!

Mágicos normais não revelam seus truques, mas vamos dar uma de "Mister M" e tentar levar alguns atalhos até você. Para quem não conhece o Mister M, ele é um ator e ilusionista que ocultava sua identidade e desmascarava seus próprios números de magia em shows, revelando seus truques. Foi um sucesso nos anos 1990.

A partir de agora, vamos revelar nossos métodos. Vamos ensinar a você um método exclusivo, o método Pole. Esse é um dos grandes segredos por trás dos *cases* de sucesso do nosso negócio.

2.
O MÉTODO POLE

POLE: A ORIGEM

O método Pole é uma matriz desenvolvida e aprimorada por anos pela GPME. Ela se divide em quatro etapas: Produto, Operação, Liquidez e Expansão. Daí a sigla Pole.

Essa metodologia foi criada visando a maximização dos resultados de uma empresa. Resumidamente, você vai aprender a desenvolver produtos eficazes na solução de problemas, que entreguem valor ao cliente e resultados para a empresa. Aprenderá também a produzir e a entregar esses produtos de maneira rápida, fácil, inteligente, lucrativa e escalável.

Parece mentira, não é? Às vezes, pensamos aqui também como criamos uma empresa tão bacana. E a resposta é chata e repetitiva: propósito, razão social.

Sempre fomos apaixonados por pessoas. Somos colecionadores de amigos. E sempre falamos em fazer algo que resolvesse a vida das pessoas.

E você pode pensar: "Fala sério! Esse é apenas um discurso piegas de uma empresa de consultoria".

Isso já foi verdade. Cabe aqui uma curta história da nossa empresa pra explicar o surgimento da matriz Pole. Mas fique tranquilo, pois isso não vai se transformar em uma autobiografia de duzentas páginas. Vai fazer sentido. Vai juntar tudo o que falamos até aqui, antes de entrarmos no método Pole e apresentarmos nosso modelo de negócios.

GPME: UMA HISTÓRIA CURTA COM UM PROPÓSITO INTENSO

Quando montamos nossa empresa, tínhamos como objetivo único ter um negócio próprio para nunca mais trabalharmos pra ninguém. Já havíamos trabalhado demais durante toda a faculdade, e aquela era a hora de nos lançarmos na aventura empreendedora.

CRIANDO EXPERIÊNCIAS LUCRATIVAS

Com nosso capital social de 30 reais (15 reais de cada sócio), precisávamos montar um negócio gratuito, assim ele já nasceria com o mísero capital de giro equivalente a vinte garrafas de cerveja (acreditem, no ano de 2004, a cerveja custava 1,50 real). Assim nascia a GPME, não com esse nome, mas isso não vem ao caso.

Em resumo, éramos exatamente uma empresa de consultoria com um discurso piegas. Não tínhamos razão social, propósito forte, nem qualquer característica de uma empresa de sucesso citada até aqui.

Montamos a empresa porque nos achávamos inteligentes. Na verdade, nos achávamos mais inteligentes que quase todo mundo. Nosso slogan, inclusive, era "administração inteligente", e nosso site era www.administracaointeligente.com.br. Criativo, não é?

Nosso lema era esse. Nos julgávamos tão inteligentes que tínhamos certeza de que resolveríamos qualquer coisa. Para nós, era como um jogo de enigma. Nós adorávamos isso. Que babaquice...

Mas, veja bem, não percebíamos que estávamos fazendo tudo errado. Parecia moderno, jovem e ousado. Combinava com a nossa juventude. O que tinha de tão errado nisso?

Simples. Não estávamos pensando no outro, só em desafiar nossa mente. Era uma proposta egoísta e arrogante e não enxergávamos isso.

E advinha só? Não dava certo.

É sério. Começamos visitando dezenas de empresas e recebendo diversas negativas. Afinal, não tínhamos portfólio nem status. Não tínhamos uma sede vistosa (na verdade, nem escritório nós tínhamos). Não tínhamos sequer um carro. Ou seja, nada. As visitas eram a pé, debaixo do sol, trajando uma fantasia social que não combinava nem um pouco conosco. Hoje é engraçado lembrar. Pena que o celular da época não tinha câmera. Seriam registros incríveis.

Éramos dois fracassados vendendo progresso.

32

2. O MÉTODO POLE

Certa vez, recebemos uma indagação interessante de um empresário. Ele nos perguntou como uma empresa tão malsucedida como a nossa poderia fazer dele um empresário bem-sucedido. Foi um soco na cara. Deu vontade de chorar. Deu vontade de desistir, mas fomos salvos pela prepotência.

Percebemos que visitar clientes não era uma boa estratégia. Parecia que estávamos empurrando nossos serviços à força nas empresas visitadas. Não queríamos isso. Queríamos ser desejados.

Lançamos o curso "Administração inteligente para pequenas empresas" em parceria como uma instituição privada de ensino. Mas havia uma condição: o curso só aconteceria se houvesse no mínimo dez inscritos. Se a instituição não entrasse em contato conosco em uma semana, seria porque o curso havia sido cancelado.

Pois bem, ligamos para um grande amigo nosso, o Ricardo Bitelo, e pedimos que ele se inscrevesse. Só precisávamos da inscrição de mais nove. É emocionante contar isso.

O prazo de retorno venceu, e a instituição não nos ligou. Saímos desolados para espairecer, quando o telefone tocou, e, finalmente, recebemos o retorno sobre a adesão ao nosso curso.

Encheu! Ou melhor, lotou. Cinquenta pessoas inscritas!

Só havia um pequeno detalhe: nunca havíamos ministrado um curso na vida. Seria o primeiro.

E foi. O primeiro de muitos outros. O curso foi um sucesso, entre palavrões, enigmas e um perfil de gestão menos quadrado e adequado à linguagem daquele público.

Você deve estar se perguntando que público era o nosso, certo? Quem se matricularia em um curso com esses caras malsucedidos?

E a resposta é lógica: empresários malucos e superendividados, desses que já tentaram de tudo e não conseguiram achar uma saída. Era praticamente um curso de malsucedido para malsucedido.

33

CRIANDO EXPERIÊNCIAS LUCRATIVAS

Estamos no meio da história, prestes a criarmos o método Pole.

Agora, tínhamos clientes. E eles apresentavam um combo mágico e suicida para nossa empresa: inadimplência, endividamento e desespero.

Ou seja, começamos a trabalhar muito, em caos cirúrgicos de enorme dificuldade, com extrema pressão psicológica e sem receber. Foi difícil, mas foi um aprendizado e tanto. Tivemos de exercitar toda aquela pseudointeligência que vendíamos. Tivemos de aprender muito sobre tudo, principalmente sobre a motivação da mente humana. Tivemos de reerguer empresas que respiravam por aparelhos e não desistimos de nenhuma. Quanto mais enigmático, mais desafiador era o organismo empresarial.

Os resultados começaram a aparecer. Empresas começaram a respirar, negócios começaram a surgir, e nasceu o sentimento que nos transformaria para sempre: GRATIDÃO!

As pessoas físicas, os empresários, começaram a nos indicar como anjos da sua vida. E, mais do que isso, demonstrações emocionadas de reconhecimento e gratidão tocaram nosso coração.

Experimentamos a maior sensação do planeta, o orgulho positivo de ter feito o bem a alguém. Foi muito melhor do que receber o pagamento pelos projetos. Fazer o bem faz bem. Percebemos que não foi a nossa inteligência. Foi a nossa dedicação absoluta em resolver o problema do outro que fez toda a diferença.

Demoramos meses para perceber tudo isso; conversamos internamente com muita emoção sobre as vitórias e sobre as derrotas nos projetos.

Viramos amigos dos nossos clientes. Fomos convidados para aniversários, casamentos, batizados. Ajudamos as pessoas a comprar a casa própria, a abrir filiais, a pagar a faculdade aos seus filhos, a conhecer o exterior...

Quando vimos, não éramos mais as mesmas pessoas, nem física nem jurídica. Tínhamos sido abençoados pela equação energética universal da vida, do bem que vai e volta.

OS RESULTADOS COMEÇARAM A APARECER. EMPRESAS COMEÇARAM A RESPIRAR, NEGÓCIOS COMEÇARAM A SURGIR, E NASCEU O SENTIMENTO QUE NOS TRANSFORMARIA PARA SEMPRE:

GRATIDÃO!

CRIANDO EXPERIÊNCIAS LUCRATIVAS

Achamos o propósito. Achamos a razão de existir.

Mas faltava uma coisa. Não tínhamos um método.

O MÉTODO POLE: COLOCANDO O PROPÓSITO EM PRÁTICA

Revisitamos todos os nossos projetos. Refizemos todo o caminho do sucesso de cada empreitada, dividindo-o quase que cientificamente, até descobrirmos todas as contribuições coincidentes de sucesso.

Agimos como cientistas em busca de uma vacina, testando êxitos e mitigando efeitos colaterais. A cada conclusão, submetíamos novos projetos aos testes, aprimorando o modelo cada vez mais. Foram testes e mais testes, correções e adequações, até obtermos o nosso produto final, que nos permitiu chegar aonde chegamos e a escalar a solução para ajudar o máximo possível de empresas.

Assim surgiu o método Pole. Uma técnica – para nós, quase uma ciência fundamental – para a criação do que chamamos de experiência lucrativa.

O grande segredo dessa metodologia é juntar, em um modelo híbrido, áreas até então consideradas antagônicas e conflitantes na gestão empresarial. Aceitar em um mesmo modelo a lógica e o pragmatismo das finanças e operações, com a criatividade do marketing e da gestão de produtos, foi fundamental para o despertar dessa metodologia. Sem preconceitos, inserimos desde conceitos tradicionais da microeconomia, como o comportamento do consumidor, a curva de oferta e demanda e a elasticidade das vendas. Adicionamos conceitos modernos de *growth*, como *inside sales*, *inbound* e *outbound marketing*. Estudamos o universo das startups e cruzamos a criatividade do Design Thinking com as áreas consagradas de produção do Lean Manufacturing ao Agile. Por fim, juntamos contabilidade básica e finanças avançadas para promover resultados concretos de ordem financeira e tributária para os negócios.

2. O MÉTODO POLE

Entendemos que tudo se encaixa em um modelo único. Basta ter a sutileza e a humildade de perceber as contribuições e os aprendizados de cada teoria.

Abrirmos a mente pra entender que não basta ter craques no time para ganhar campeonatos. Precisamos de táticas, treinamentos e espírito coletivista. Temos que unir a capacidade de improviso do *jazz* com a cadência previsível e gostosa do *reggae*. Assim permitiremos que uma empresa crie e inove, mas com a previsibilidade que lhe garanta escala. Equilíbrio positivo e ativo!

Por isso, ao investigar nossos projetos, percebemos as quatro macroáreas que estudaremos a fundo eternamente para promover o progresso: Produto, Operação, Liquidez e Expansão.

Entendeu? Claro que não, né? Mas, também, nós nem começamos a falar do método Pole, ainda.

3.
PRODUTO

PRODUTO OU SOLUÇÃO?

á tem tempo que ouvimos empresas chamando produtos de solução. Isso não é nada inovador. Vocês também devem estar fartos de ouvir "conheça nossas soluções". Parece tão óbvio, certo?.

Bom, se as empresas existem para resolver problemas por meio de sua razão social, é justamente através de seus produtos que elas pretendem fazer isso. Então, qual é o dilema?

As pessoas jurídicas, assim como as físicas, também perdem o foco e também se apaixonam. Aí está o problema. Deixamos de enxergar os defeitos e perdemos o prumo quando amamos mais o produto que o problema. O amor é cego.

Ao descobrirmos um problema, é muito comum iniciarmos o desenvolvimento de um produto e, de repente, nos apaixonarmos tanto por ele que acabamos nos esquecendo do seu real propósito. Kotler chamava isso de miopia de marketing. O amor é míope.

E é isso mesmo. Perdemos o olhar do mercado, da sociedade, da solução em si e ficamos fixados de maneira fanática no produto. Isso é muito mais comum do que você imagina. No universo da tecnologia e das startups, diversas empresas não conseguem sequer inserir seus produtos no mercado, pois se perderam na fase de desenvolvimento. Quando se deparam com o protótipo, finalmente disponível para testes, percebem que aquilo não resolve absolutamente nada. Fugiu totalmente da proposta inicial.

Que fique claro: não há problema algum em mudar de ideia ou de rumo. Podemos encontrar nosso propósito no meio do caminho, e não na origem. O que não podemos é entrar em um labirinto, onde aguçamos tanto nossa curiosidade sobre o nosso produto, que esquecemos para onde estávamos indo e qual era mesmo a função dele. É como aquele cara que entra no elevador e, ao ser perguntado pra qual andar vai, responde que pouco importa, pois já está no prédio errado.

CRIANDO EXPERIÊNCIAS LUCRATIVAS

Por outro lado, se estivermos atentos ao mercado e ao problema propriamente dito, mudar constantemente o produto para entregar a melhor solução à demanda exposta faz todo o sentido e pode ser decisivo para o sucesso.

Temos um cliente bem interessante, no ramo de comida japonesa, cujo nome é Japa Temaki. E, adivinhe só, um dos produtos menos vendidos por ele é o temaki. Curioso, né?

Pois é, a empresa nasceu com um propósito e acabou encontrando outro no meio do caminho. O Japa Temaki esqueceu o título do produto e preferiu entender o cliente. Não teve medo de mudar o menu com ousadia e velocidade e aumentar em mais de dez vezes o seu faturamento. Hoje, construiu uma rede de lojas pelo Brasil.

Ou seja, o Japa Temaki não se importou muito com o produto "temaki", que dava nome à marca, mas se concentrou no problema do cliente, carente de uma experiência gastronômica competitiva, charmosa e bem ambientada. O nome ainda confunde o consumidor. Ainda é um pequeno complicador, mas é bem mais fácil trocar o nome do que trocar a experiência. Amar a operação cega. Amar a solução abre horizontes.

Esta é a prova óbvia de que produtos só se transformam em solução, de fato, quando eles solucionam algo de verdade. Caso contrário, são apenas estoque em uma prateleira ou conceitos guardados em uma gaveta.

Vamos entender esse contexto.

PRODUTO PARA QUEM PRECISA DE PRODUTO

Falamos ao longo dos capítulos anteriores que a empresa não nasce pra resolver o problema do seu dono, muito menos um problema interno. A questão a ser resolvida está plantada na sociedade, a qual, tecnicamente,

3. PRODUTO

gostamos de chamar de MERCADO. Parece mais legal esse termo. "Sociedade" é uma palavra muito *cult* e filosófica pra alguns.

Pois bem, o mercado traz uma demanda não atendida ou mal atendida e aguarda avidamente uma solução, ou seja, um produto.

Ele, o mercado, é que julga se o produto foi ou não solução para o problema. Então, é lá no mercado que o jogo vai se decidir.

Identificar oportunidades de mercado significa, portanto, descobrir o que o mercado quer comprar e analisar se esse mercado já está sendo plenamente atendido. As duas questões precisam ser consideradas no mesmo grau.

Por exemplo, smartphones. O mercado é sedento por esse equipamento, concorda? Mas, pelo que podemos perceber, a população já possui uma infinidade incrível de opções, com as mais variadas funcionalidades, dentro de diferentes patamares de preços, inúmeras cores, tamanhos etc. Assim, podemos considerar que esse mercado, apesar de potencial, não se mostra uma oportunidade nesse momento em que a necessidade do mercado já vem sendo atendida (e bem atendida!).

Mais um caso de necessidade atendida pode ser ilustrado pelos serviços de *streaming*. Com a chegada da Netflix e de pelo menos mais uma dezena de plataformas de filmes, séries e músicas por preços supercompetitivos, podemos considerar que esse mercado já está plenamente satisfeito. Existe espaço? Sim. É uma oportunidade de demanda mal atendida ou não atendida? Não!

Cabe aqui, porém, uma importante consideração. Quando dizemos plenamente satisfeito ou plenamente atendido, estamos condicionando ao produto oferecido nos moldes atuais. Existem formas de diferenciá-lo da concorrência e até de fazer com que o cliente o enxergue como um novo produto. Veremos isso mais adiante.

Por que estamos insistindo nesse assunto de identificação de necessidades e satisfação?

CRIANDO EXPERIÊNCIAS LUCRATIVAS

Porque, na maioria das vezes, as empresas erram nessa fase, na compreensão do que o mercado deseja. Muitas empresas se concentram em entregar o que elas sabem produzir e focam em fazer isso da melhor maneira possível. Daí vem a grande frase da carreira de um ícone da administração, Peter Drucker: "Não há nada mais inútil que fazer de modo eficiente o que não devia ser feito".

Essa frase é genial. Vemos muitos empresários em busca de uma perfeição tão grande em sua criação, mas que se esquecem de validar a real necessidade de aquilo ser criado.

Mas, então, como criar o produto perfeito?

EM BUSCA DO "PRODUTO PERFEITO"

Primeiramente, precisamos entender esse conceito de "produto perfeito". E, mais, entender que todo produto é temporal, ou seja, ele não será perfeito para sempre. Ele deve vir no tempo certo, nem antes, nem depois, ajustado para solucionar aquele problema, daquele momento. Assim, quanto mais útil for o produto, maior será o seu ciclo de vida.

Um produto perfeito, tecnicamente falando, é aquele que maximiza a satisfação do cliente e apresenta um equilíbrio na relação "custo × valor percebido × preço". Esse tripé é a chave para o sucesso de um produto e de um negócio. Esse encaixe sublime do produto no mercado, obedecendo a essa tríplice, é o que muitos chamam, na linguagem moderna, de gestão de PMF ou *Product Market Fit* (encaixe de produto no mercado). Essa sigla está na moda, mas seus conceitos sempre existiram, e vamos explicar didaticamente a construção desse produto perfeitamente encaixado.

Para que tenhamos esse PMF, devemos conseguir atingir a sinergia total entre satisfação do cliente, rentabilidade para a empresa produtora e posicionamento adequado de preço no mercado. Um produto perfeito precisa ter viabilidade técnica, viabilidade econômica e desejabilidade. Se qualquer uma dessas variáveis estiver desequilibrada, o produto fracassará, seja por uma entrega malsucedida ao cliente ou por um custo elevado que a empresa não suporta.

Por aqui gostamos de dizer que, quando o produto é perfeito, ninguém paga a conta. O cliente recebe a satisfação total, e a empresa alcança o resultado esperado. Nem parece uma negociação de compra e venda; é quase uma troca de presentes de um amigo oculto, no qual cada um já sinalizou o que gostaria de ganhar.

Mas será mesmo possível?

Você sabe que sim. Vai dizer que nunca comprou alguma coisa que valeu muito mais do que você pagou? O segredo está na palavra "valeu", e não palavra "pagou".

Quanto se paga por uma coisa é apenas um componente do produto: o preço. Deveria ser o último a ser julgado, mas é o primeiro; portanto, vamos debater um pouco sobre precificação.

O PREÇO: QUANTO COBRAR?

"Gostei, mas quanto custa?"

É chegado o grande momento. O cliente entrou na sua loja (ou na sua sala de reunião), ouviu as explanações sobre o produto (ou serviço), olhou o objeto (ou a proposta), demonstrou aquele misto de vontade, curiosidade e medo, e lançou a grande frase: "Gostei, mas quanto custa?".

E você imediatamente foi acometido por uma série de perguntas na cabeça. Todas ao mesmo tempo:

CRIANDO EXPERIÊNCIAS LUCRATIVAS

- Será que precifiquei corretamente?
- Será que vou perder a venda?
- Será melhor já apresentar o preço com desconto?
- Será que meu concorrente vai cobrar mais barato?
- Será que ele gostou mesmo?
- Será que fiz uma boa apresentação do produto?

Claro que você está se reconhecendo nessa situação. É uma negociação, e, como toda negociação, existe o clímax, o juízo final, que será dado pela suprema corte, o cliente.

Por isso, o preço acaba sendo o momento final de uma jornada comercial. Falemos do preço, então.

A administração tradicional sempre defendeu que o preço de vendas de um produto nasce a partir do cálculo do seu custo, por meio de uma metodologia de custeio, para então alocar uma margem desejada, chegando assim no preço final. Basicamente, uma equação matemática:

Preço = Custo + Margem

Os métodos de custeio com rateios de despesas fixas e departamentalização de custos são estudados até hoje nas faculdades. Desde Henry Ford, a administração de custos evoluiu muito, mas continua viciada em encontrar números frios, que pouco dizem sobre a tomada de decisão de um produto.

Há anos, gasta-se muito mais tempo calculando o preço de um produto do que criando o próprio produto. Isso acabou!

A precificação deixou de ser uma medida financeira. Quem define o preço não é mais uma planilha de Excel ou um software. A tal "formação de preço" perdeu espaço. Essa expressão chatíssima foi substituída pelo posicionamento de preço no mercado. Se o cliente é o juiz, é ele quem decide.

44

3. PRODUTO

Engraçado é que, quando ouvimos um professor de custos ensinando o cálculo do preço, ele quase convence! Veja o discurso abaixo.

> Prezados alunos, a precificação se dá de dentro pra fora, por motivos óbvios. "Como vou saber quanto cobrar se eu não souber quanto custa?" Ora, vejam bem, a sequência é lógica. Vocês devem apurar todos os custos diretos de seu produto, ou seja, todos os insumos e custos variáveis associados a ele. Após esse cálculo, vocês se utilizam de um modelo de apropriação de custos fixos e indiretos e os divide por sua capacidade de produção (ou de venda), encontrando, assim, o custo fixo unitário de cada produto. Na sequência, vocês fazem uma soma dos custos variáveis unitários e dos custos fixos unitários, encontrando, assim, o custo total unitário. Por fim, vocês atribuem uma margem satisfatória e justa para o seu negócio. Pronto, está calculado seu preço!

Convenhamos, é um bom discurso, quase convenceu. Só que não!

Acreditar que uma planilha de Excel vai dar de presente, magicamente, o preço de vendas não entraria em uma cabeça sensata. Vamos listar apenas três erros clássicos dessa abordagem, para não nos alongarmos muito.

Primeiro, ratear custos fixos por uma quantidade de produtos (seja capacidade produtiva ou volume histórico de vendas) para chegar em valores unitários é um absurdo. Essa quantidade é completamente variável e arbitrária. Vendas e capacidades produtivas estão sujeitas às demandas e ao comportamento do mercado.

Segundo, os preços de custo variam muito. Não dominamos a cadeia de fornecimento e não podemos ficar alterando nossos preços para os nossos clientes o tempo todo ou a cada nova compra de insumos.

CRIANDO EXPERIÊNCIAS LUCRATIVAS

Terceiro, faltou perguntar ao cliente se o preço apontado no final da planilha satisfaz às suas vontades. A curva de oferta e demanda foi completamente ignorada na precificação.

Não é que esteja errado; só está do avesso. Nosso objetivo é criar o produto perfeito, e não a planilha de custos perfeita. Certo?

Para um produto ser perfeito, ele precisa ter a capacidade de ser comprado. Ou seja, seu preço tem de ser viável para o cliente. Lembra-se da viabilidade econômica de que falamos?

Para um produto ser perfeito, ele tem de resolver o problema do cliente, satisfazendo totalmente à sua necessidade. Lembra-se da viabilidade técnica e da desejabilidade?

A margem do produto e seu custo correspondente são consequências, não são as causas. A causa é o problema, e o produto é a solução. Espera-se que um produto perfeito entregue margem satisfatória, mas só vamos ter a certeza após descobrirmos que produto é esse.

Desse modo, se os seus custos não permitem competir com os preços que o mercado aceita pagar, mude sua estrutura de custos ou mude de mercado.

Percebem a diferença? O cálculo do custo é a última parte. É apenas a validação numérica de uma solução. Nunca comece por ela, pois esse é apenas o placar do jogo encerrado.

Definido isso, temos a regra imperativa básica: não calcule seu preço, descubra-o no mercado!

Vamos usar um exemplo básico de um monoproduto popular e de fácil entendimento. Mas, por favor, não fique preso ao exemplo que vai nos acompanhar. Abstraia e aplique para os seus produtos e serviços.

Suponha que seu produto seja um cachorro-quente. A pergunta é: por quanto se vende cachorro-quente no mercado? Ou melhor, quanto um cliente aceita pagar por um cachorro-quente?

46

Se você tentar responder a essa pergunta abrindo uma planilha de Excel, é porque não entendeu nada do que falamos até agora. Pegue um café e releia as páginas anteriores. Se estiver tudo bem, vamos adiante.

POSICIONAMENTO: O PREÇO É MUITO MAIS QUE UMA CIFRA

Se você não está de saco cheio e está gostando minimamente do nosso raciocínio, vamos em frente. E vamos continuar falando de cachorro-quente, porque esse exemplo é viciante.

Para descobrir o preço-base de cachorro-quente você deverá ir ao mercado para descobrir as possíveis faixas de preço que você pode praticar para o seu *hot dog*. Como assim? Assim mesmo, pesquisa de campo, comprando e comendo.

Parece simples, mas nem tanto.

Você verá que existe um cachorro-quente de 3 reais e um outro de 20 reais. E tantos outros nesse intervalo de preços. Você encontrará desde carrocinha de rua a lojas de shopping.

E agora? Quanto você vai cobrar pelo seu?

Parece que voltamos à estaca zero, mas agora é que a brincadeira começa a ficar divertida.

Veja bem, existem diversos preços de cachorro-quente e existem diversos tipos de cachorro-quente. Alguns até têm salsicha. Outros têm purê de batata, passas, ovos, frango, carne moída, cheddar, catupiry, bacon, molho pesto, batata-palha, milho, ervilha, amendoim, chilli... É uma diversidade incrível.

E ainda há aqueles que vêm com tudo isso junto, sabe? Daqueles que estão tão recheados que você não come com a boca, mas, sim, com a cara toda.

CRIANDO EXPERIÊNCIAS LUCRATIVAS

São muitas variedades, por isso mesmo são muitos preços e atingem muitos públicos diferentes.

Como definir onde o seu cachorro-quente vai se encaixar? Ótima pergunta. É exatamente essa a pergunta: como vamos nos posicionar?

Vamos usar o que aprendemos até aqui. Vamos investigar o problema. Vamos em busca de um mercado não atendido ou mal atendido. Vamos propor uma solução real e descobrir o posicionamento perfeito de preço.

É hora de lançarmos mão de uma matriz muito famosa no mundo do marketing, a "matriz preço × valor". Devagar. Primeiro alguns conceitos básicos que dão nome a essa matriz.

Preço é o componente monetário de um produto, ou seja, preço é a quantia que o cliente paga. Já o valor é o conjunto de atributos e benefícios que esse produto entrega, ou seja, valor é o que o cliente recebe em troca.

Uma bolsa de grife – como uma *Louis Vuitton* – tem preço vinte vezes maior do que uma bolsa da Rua 25 de Março, em São Paulo. Ambas são bolsas, ambas são mágicas, ambas guardam coisas infinitas das mulheres.

A discrepância de preços de um produto igualmente funcional, como as bolsas, é justificável? Sim, se o cliente diz que sim. Então, a resposta é sim!

Os atributos intangíveis de uma *bolsa de marca*, a satisfação de carregá-la, as emoções que ela desperta justificam seu preço elevado. Pelo menos, é isso que as mulheres dizem. A bolsa sem marca também tem seu valor, mas entrega vinte vezes menos satisfação. Repararam nessa frase "também tem seu valor"? Tudo tem seu valor. E essa quantidade de valor entregue ditará o seu nível de preço.

Outra amostra que costuma ter muitos patamares de preço são serviços advocatícios. Ao solicitar uma proposta de trabalho, existirá desde centenas de reais até centenas de milhares de reais para uma mesma finalidade, ou seja, para resolver um mesmo problema. Mas é o cliente que vai avaliar o nível de satisfação que ele busca para o seu problema e, assim,

48

3. PRODUTO

escolher o advogado que se mostrar mais adequado, considerando preço e a expectativa.

O mais caro sempre será o melhor? Nem sempre! E é aqui que acontecem as frustações.

Agora que entendemos claramente a diferença entre preço e valor, temos que colocar essas duas peças para trabalharem em conjunto.

No quadro a seguir, você verá a tal matriz preço × valor, composta de seus nove quadrantes.

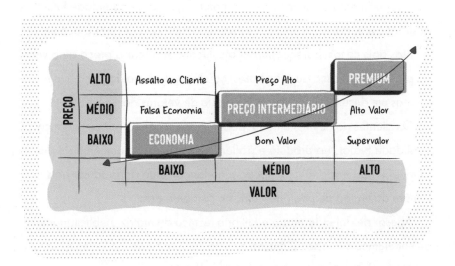

Observe esses quadrantes destacados na transversal (premium, preço intermediário e economia). Eles representam a zona de equilíbrio de um produto na matriz preço × valor. Isso significa que, em qualquer um desses pontos destacados, o produto estará entregando um pacote de benefícios (valor) compatível com a quantia cobrada (preço). Geralmente, quando isso acontece, temos uma distribuição de resultados tangíveis e intangíveis ao longo de toda a cadeia.

Em contrapartida, nos demais quadrantes, sempre haverá um desequilíbrio entre valor entregue e preço cobrado. Quando o preço é mais alto

49

CRIANDO EXPERIÊNCIAS LUCRATIVAS

que o valor (nos quadrantes acima da linha de equilíbrio), dói no bolso do cliente. A transação não gera conforto e maximiza a dissonância cognitiva, que é o arrependimento pós-compra. A tendência é que o cliente não compre novamente.

Quando o valor é muito maior que o preço praticado (nos quadrantes abaixo da linha de equilíbrio), o cliente é um vencedor, mas a empresa fica com suas margens estranguladas, não suportando entregar tantos benefícios ao mesmo tempo. A tendência é o fracasso financeiro da empresa, o comprometimento de seus fluxos e a natural queda de qualidade futura. A frustração é certa, para ambas as partes, mesmo que demore a acontecer.

Nos dois casos, parece simples a solução: deslocar o preço ou o valor do produto para cima ou para baixo, equilibrando a matriz. Pena que não é apenas um desenho infantil nem um ajuste de vetores do CorelDRAW.

Os clientes possuem memória, podem não reconhecer uma mudança de qualidade (valor) no produto e podem não aceitar um aumento de preço. O ideal é não errar na concepção e no lançamento do produto, pois nem sempre dá tempo de pedir desculpas e corrigir o erro.

Apesar de defendermos o equilíbrio técnico da matriz, publicitariamente defenderemos o oposto. O natural de uma campanha de marketing é a ampla exaltação dos atributos (valores) de um produto e a consequente minimização de seu impacto financeiro (preço). Não vemos propagandas dizendo "compre o meu produto, pois ele é o mais caro", mas é muito comum uma empresa se posicionar como melhor do mercado. Certo? A abordagem de preços em uma comunicação será sempre destacando os benefícios da solução. É como aquele pão de queijo que dizia "eles têm preço, nós temos queijo".

Observando essa matriz, dá para perceber que você pode obter sucesso com um produto premium, mas também pode ser muito bem-sucedido no mercado da economia, ou mesmo praticando um preço intermediário. O preço não é o único diferencial de um produto, mas também não deixa de ser um.

50

3. PRODUTO

A recente moda da "buticalização" ou "gourmetização" dos produtos e serviços nos faz pensar que só seremos felizes atuando em mercados com preços premium, com produtos sofisticados e de alto valor agregado. Existe uma corrente no marketing moderno que se diz avessa aos descontos e aos preços baixos, mas todo radicalismo tem seus pecados.

A Ricardo Eletro, uma rede bastante conhecida por atuar em 23 estados brasileiros, optou pelo posicionamento de preços baixos, se alocando no quadrante "economia" da matriz × preço valor. A campanha dizia "Preço é tudo!". Foi um incômodo comercial enorme para seus concorrentes. A ideia era simples. Como todos vendiam os mesmos produtos, das mesmas marcas, posicionar-se como a opção financeira mais vantajosa seria um grande sucesso em marketing. E foi. A marca, até então desconhecida, ficou famosa no país inteiro; foi uma expansão rápida e vertiginosa. Apesar do título ousado da campanha, a Ricardo Eletro sabe que preço não é tudo. Em 2020, esse grande varejista protocolou um pedido de recuperação judicial devido a uma série de fatores que não cabem nesse exemplo, mas é inegável o efeito de crescimento que a sua aposta na posição "economia" da matriz preço × valor obteve no mercado em pouquíssimo tempo.

Outro caso famoso é o Habib's, no ramo alimentício, com seus produtos econômicos que custavam "centavos". A rede de franquias foi um *case* de crescimento espetacular.

As estratégias deles estão funcionando agora? Não podemos afirmar, mas eles se posicionaram, definiram sua camada de preço e sua categoria de produtos, apostaram nisso e obtiveram uma expansão extraordinária.

Tanto no caso do Habib's quanto na história da Ricardo Eletro ficou uma lição importante. Quando se aposta nesse mercado da economia, você precisa dominar sua cadeia de fornecimento, logística, tributação e produção com perfeição, pois será cobrado pelo mercado a apresentar sempre as menores cifras possíveis para os seus produtos. Nessa aposta em larga

CRIANDO EXPERIÊNCIAS LUCRATIVAS

escala, não há espaço para perdas de margem no processo, e a liquidez é fundamental.

Por outro lado, quando apostamos em um mercado de preço premium e valor agregado, somos obrigados a praticar o encantamento. Essa palavra resume bem a sensação esperada por um cliente ao pagar um valor acima da média de mercado em um produto.

O grande problema, como já citado, é que, na maioria das vezes, os empresários se encantam com seus próprios produtos, mas se esquecem de encantar o cliente. Assim, o feitiço vira contra o feiticeiro. É como uma conhecida proprietária de uma grife que insiste em dizer que o seu negócio não dá certo porque o brasileiro não sabe se vestir. Ora, será mesmo que o brasileiro deveria se adequar à loja dela? Não seria exatamente o oposto?

Os exemplos controversos citados até aqui servem para deixar claro que não há uma estratégia-padrão para a matriz preço × valor, e que esse encaixe é a chave para o sucesso.

A palavra que resolve tudo é a mesma de sempre: equilíbrio. O Dalai-lama ficaria orgulhoso dessa frase. Ela serve mesmo para quase tudo na vida. Equilibrar a matriz é o grande desafio de todo empreendedor.

Existe uma teoria microeconômica chamada elasticidade preço × demanda. Os marqueteiros despreparados não gostam de misturar microeconomia e gráficos cartesianos em suas estratégias. Aqui, nós adoramos! Somos marqueteiros metidos a besta.

Essa teoria procura entender quão elástico um produto é em relação ao seu preço. Traduzindo, buscamos a resposta: como seu mercado se comporta quando você muda o preço de seus produtos? Essa pergunta faz toda a diferença.

E como saber? Testando.

Nos *cases* do Habib's e da Ricardo Eletro ficou claro que o cliente é elástico ao preço quando o assunto é fast-food e eletrodoméstico. Perceba que, em ambos os casos, a comunicação da economia surtiu efeito instantâneo, levando filas às portas de ambos os estabelecimentos. Isso não quer dizer que o preço seja o único componente, mas ele tem uma grande relevância.

O e-commerce, modalidade de vendas em constante expansão, é um mercado viciado em promoções. Compra em dobro, 50% de desconto, frete grátis e outros benefícios são ofertados a todo instante. Eles estão errados? Muitos diriam que sim. Mas, na verdade, a resposta é a mais rasa possível: depende. "Depende de quê, cara-pálida?".

Depende da contrapartida de volume; depende da estratégia comercial; depende de uma variável financeira, que é o ponto de equilíbrio da empresa. Mas depende, principalmente, da elasticidade preço × demanda.

Temos de entender a promoção e as ações de desconto como uma verba publicitária de arraste aplicada em alguns produtos. Assim como fazemos mídias e investimentos em campanhas publicitárias, também devemos incluir no nosso orçamento total de marketing os descontos. Ainda mais se esses se provarem grandes movimentadores de demanda.

Isso quer dizer que devo ignorar o marketing de diferenciação e as apostas em valor agregado? Claro que não, pelo contrário. Quanto mais diferenciada for uma experiência, mais fácil será a implementação de uma margem maior e de um preço mais alto.

Vamos entender melhor essa teia, para que tudo fique um pouco menos confuso. Comecemos diferenciando valor agregado de valor percebido.

O VALOR AGREGADO ESTÁ SENDO PERCEBIDO?

Valor agregado, como o próprio nome já diz, é o conjunto de atributos que agregamos aos nossos produtos para nos diferenciarmos de nossos

CRIANDO EXPERIÊNCIAS LUCRATIVAS

concorrentes. O problema é que só existirá a diferenciação quando o cliente perceber esses atributos. Daí o nome "marketing de diferenciação".

A ideia é ser diferente dos nossos concorrentes. E, nesse caso, ser mais barato também é ser diferente, mas nem sempre. O fato é que quase nunca será essa a melhor estratégia. Mas lembre-se: quase nunca é diferente de nunca.

Então, o valor percebido refere-se àquilo que realmente encantou e conquistou o cliente. Muitas vezes, agregamos benefícios completamente desnecessários a um produto.

Tais valores agregados, quando não são percebidos e não criam diferencial, forçarão você a reduzir os preços para angariar vendas, levando-o àquela zona de desconforto, na parte inferior da matriz (bom valor, alto valor ou supervalor). Por outro lado, se você continuar insistindo no seu patamar de preço e o seu valor se mantiver imperceptível ao cliente, você será levado para a parte superior da matriz (falsa economia, preço alto ou assalto ao cliente).

Mas, então, como transformar valor agregado em percebido?

Vamos voltar ao nosso cachorro-quente.

Você já percebeu que temos marcas fortíssimas de fast-food focadas em hambúrguer? De McDonald's a Bob's, de Burger King a Madero. São muitas, mesmo. As praças de alimentação estão recheadas de diversas marcas.

Mas e o cachorro-quente? Qual é a grande marca de cachorro-quente do Brasil ou do mundo? Não vale aquele cachorro-quente do seu amigo perto da faculdade, nem aquela carrocinha do Gilberto que fica na saída dos shows sertanejos.

Qual marca de cachorro-quente invadiu os centros gastronômicos e shopping centers?

Estranho, né? Você não tinha parado pra pensar nisso, certo?

54

3. PRODUTO

Difícil explicar como um alimento tão gostoso, tão disseminado, tão descomplicado de entender, com ampla aceitação, não possua até hoje uma marca embaixadora.

Mas tem explicação.

Lembra do valor agregado e não percebido? Foi o que fizeram com essa iguaria. Como já exemplificamos, inseriram tudo que podiam no bendito sanduíche, de purê de batata a frango desfiado. Até banana já colocaram! São tantos sabores misturados, tantos agregados, que nem dá para perceber cada um. Entendeu? Não tem valor percebido, só tem valor agregado.

Só de falar "molho Big Mac", já vem à mente todos aqueles sabores perfeitamente harmonizados. Ao falar "Subway", sobe aquele cheirinho incrível saindo da loja. Ao falar Madero, vemos fumaça saltando da grelha.

Ao falar cachorro-quente, vem uma bagunça mental incrível, porque mentalizamos a fotografia bonitinha de um pão com salsicha, mas sentimos um gosto subliminar de milho, batata, muitos molhos, queijo parmesão, uva-passa...

Veja que interessante: se pedirmos pra você desenhar um cachorro-quente, será: pão, salsicha bem vermelhinha e um molho amarelo de mostarda sobre a salsicha. Acertei na mosca, não é?

Até nas embalagens de pão de cachorro-quente e nas embalagens de salsicha a imagem é essa. Por que ninguém desenha aquela comida maluca, cheia de itens nada harmônicos?

Se você já passou pela serra de Petrópolis, indo em direção ao Rio de Janeiro, certamente parou na Casa do Alemão. Se você nunca foi, vá.

Lá tem o melhor croquete do mundo. E tem um pão com linguiça complementar. É bom, muito bom, é a coisa mais parecida com um cachorro-quente que já conhecemos. E o mais incrível no pão com linguiça é: só tem pão e linguiça.

CRIANDO EXPERIÊNCIAS LUCRATIVAS

Às vezes, o que temos de fazer é desagregar valor, concentrando-nos só no que interessa.

Lembra-se da matriz preço × valor? Quer uma dica para o seu cachorro-quente? Vou dar três: pão, salsicha e molho.

Mas não pode ser qualquer pão, qualquer salsicha e qualquer molho. Tem que ser "o" pão, "a" salsicha e "o" molho.

Pode ser que fique muito óbvio. No entanto, fazer o óbvio pode ser inovador em um mercado tão obcecado por criar soluções para problemas inexistentes.

Não temos uma marca referência nesse segmento, porque simplesmente não conseguimos encontrar disponível para comprar aquela imagem mental do pão, da salsicha e do molho amarelo. De tão evidente, ninguém fez.

É como aquela ideia que um dia passou pela sua cabeça e, tempos depois, alguém a lançou e foi um sucesso. E você, como um tio chato frustrado, disse: "Grande coisa! Eu já tinha pensado nisso".

E o case cachorro-quente está pronto? Ainda não.

Se você realmente for seguir a linha do pão, da salsicha e do molho, algumas dúvidas ainda vão atormentá-lo.

- Como **posicionar** o produto? Preço premium, intermediário ou economia?
- Como **descobrir** preço ideal, sem usar a planilha de Excel?

Demos toda essa volta e voltamos ao centro da mesma questão. (Quando o mundo der muitas voltas e parar sempre no mesmo lugar, é porque era exatamente ali que você deveria estar. Portanto, tome uma decisão.) Vamos dar uma ajuda, mas você vai escolher o seu caminho e criar sua própria experiência lucrativa. E, se um dia o seu cachorro-quente se transformar na marca referência do mercado, não se esqueça de citar este livro!

Você agora tem um produto diferente dos seus concorrentes. E precisa tomar uma decisão séria: butique ou linha de produção.

Você vai apostar em volume, agilidade, padronização e processos? Ou vai na corrente da gourmetização, do encantamento seletivo, da customização e da entrega máxima de valor?

Antes de tudo, observe a sua capacidade produtiva de replicação do produto, mas considere com mesma intensidade a sua competência em produzir esse produto e a sua possibilidade real de criar diferenciais nele.

Butique ou linha de produção? Qual é o melhor caminho? Ambos podem dar muito certo, e quem vai decidir isso é você.

Saia de cima do muro e posicione-se!

VIABILIDADE: O PRODUTO SE ENCAIXA NO MERCADO?

Este é o terceiro e último passo para a criação do produto perfeito. Após descobrir os níveis de preços praticados e adotar um posicionamento estratégico para o seu produto, você precisa validar a viabilidade mercadológica e a entrega dele, promovendo o que chamamos de satisfação total.

Como dissemos, toda empresa tem um produto, e todo produto tem um preço, um custo e um valor associado a ele. O valor é o único componente intangível dessa fórmula, que é percebido e julgado pelos clientes. Esse julgamento se dá por base de comparação com os concorrentes, em uma relação mental que confronta desembolso do cliente com expectativas de satisfação.

Já o custo e o preço são perfeitamente calculáveis. Esses cálculos servem para testar de maneira objetiva o encaixe do produto e medir sua perfeição, revisando a solução e a experiência e propondo testes e melhorias. Vamos calcular?

CRIANDO EXPERIÊNCIAS LUCRATIVAS

Os viciados em planilhas de custo quase foram à loucura agora. Não se empolguem. Se vocês acham que vamos falar sobre *Procv*, *Somase*, *tabelas dinâmicas*, *macros* e outros recursos do Excel, estão enganados. Apesar de adorarmos a ferramenta, não é uma planilha que decidirá esse passo tão importante.

Sinceramente, você não quer encontrar o preço; você quer encontrar o lucro. Se você chegou até aqui, o preço você já descobriu. Lembre-se de que estamos criando uma experiência lucrativa, e não uma planilha de custos.

Evidencie seu preço e liste todos os atributos do seu produto. Isso mesmo, de trás pra frente. Comece pelo preço e pelas promessas levadas como solução ao mercado.

Escolhida a faixa de preço, é hora de evidenciar suas vantagens competitivas. Chegou a hora de montar o seu produto. Você já tem o posicionamento de preço, portanto já tem a verba, ou seja, o orçamento. Você já sabe quanto vai "ganhar" do seu cliente.

Hora de definir a contrapartida. O que o cliente ganha com isso? O que o cliente precisa receber em troca para se sentir realizado?

Bem, o cliente vai se perguntar: "Por que vou comprar este produto? Quais atributos este produto tem que o diferencia dos concorrentes?".

Após essa explanação, calcule quanto vai custar oferecer cada atributo e cada benefício selecionado.

Compare seu preço de venda com custo total da experiência e você terá uma margem. É a fórmula básica:

Lucro = Preço de Venda - Custo

Se você calculou o preço e o custo e encontrou uma margem satisfatória, siga em frente! Já temos o protótipo do produto perfeito. Vamos testar no mercado e verificar o encaixe real.

3. PRODUTO

Agora, se os seus cálculos apontaram um produto com baixa ou nenhuma margem de lucro, temos um problema grave: erro estratégico nos passos anteriores. Ou seja, haverá erro estratégico se você posicionou mal na precificação ou agregou valores errados ao seu produto.

Como assim?

É simples. Ao confrontar a lista de atributos com o preço, houve um desequilíbrio. Em uma entrega de valor de um produto perfeito não cabe desconforto. Exige-se satisfação total. Qualquer desequilíbrio leva a extremos da matriz preço × valor, que podem trazer baixo contentamento ao cliente ou baixa rentabilidade à empresa.

Nesse caso, revise seu plano inteiro. Não tente apenas aumentar o preço para compensar a planilha. Lembre-se de que você é um criador de experiências lucrativas, e não um desenvolvedor de planilhas com saldo positivo.

É preciso revisar o conceito geral do produto; não deu *match*. Sua proposta está desencaixada.

Esse exercício de prototipagem, teste, melhoria e encaixe deve ser encarado como o mais importante para a evolução de um negócio. Nas áreas de tecnologia e inovação, costuma-se chamar essa fase de imersão e liberdade criativa de *Design Thinking*. Uma abordagem moderna, centrada no consumidor, que trata de maneira mais leve e proativa os antigos conceitos de melhoria contínua.

E é exatamente isso que estamos fazendo na concepção de um produto perfeito. Mente aberta aos testes e às mudanças e foco na solução de uma necessidade de mercado, visando a criação da experiência lucrativa.

Para finalmente chegarmos ao produto perfeito e refletirmos sobre todas as variáveis que podem travar o encaixe, precisamos da opinião do cliente.

Sabemos que cada cliente é uma pessoa, e cada pessoa tem opiniões e percepções próprias. Sabemos que isso é um grande complicador para obtermos um padrão de produto que se encaixe da mesma forma para pessoas

CRIANDO EXPERIÊNCIAS LUCRATIVAS

diferentes, por isso existem ferramentas de marketing cada vez mais assertivas na definição dos clientes. A ideia é encontrar o senso comum de uma solução.

Precisaremos dividir o mercado em nichos, definir grupo de público-alvo, para então chegarmos nas versões mais fechadas do *Ideal Customer Profile* (ICP, ou perfil de cliente ideal) e nas famosas *personas* (personagem fictício que representa um cliente ideal).

Entender quem é o seu cliente, qual é o comportamento de compra dele e como funciona a jornada de aquisição de produtos é fundamental para acertar no caminho a seguir.

O cliente é o juiz e não vai julgar apenas o produto, mas toda a sua experiência. A perfeição de um produto pode estar nos detalhes intangíveis, o que torna tão importante o controle da experiência.

Já tem um tempo que não falamos de cachorro-quente, não é?

Será a última vez. Isso é uma promessa.

ADEQUANDO E ENCAIXANDO O PRODUTO

Vamos juntar, definitivamente, todos os passos deste capítulo em um exemplo prático, contando a história de um vendedor de cachorro-quente: o Xandão.

O Xandão tinha uma barraca localizada em um bairro tipicamente gastronômico, de classe média. A comida de rua era muito marcante nessa localidade. O cachorro-quente do Xandão, logicamente, não era o único do bairro. Havia muitos.

A concorrência era motivo de insatisfação e justificativa primária do Xandão para seu insucesso. Segundo ele, o preço da concorrência era muito baixo, os produtos eram parecidos e, o público, infiel. Ou seja, para ele não havia solução. Já deu para ver o nível de otimismo do Xandão, certo?

60

3. PRODUTO

Mas em uma coisa ele tinha razão: os produtos eram mesmo parecidos entre si. Bem próximo àquilo que já falamos anteriormente: pão comum, daqueles que você encontra em qualquer supermercado; salsicha; molho de panela; milho; batata palha; queijo ralado. Maionese, ketchup e mostarda, tudo embalado naquele saquinho de plástico que praticamente se incorpora ao produto.

Xandão nos apresentou uma pilha de papéis, notas ficais e rabiscos e tentou nos provar com seus cálculos que era impossível tornar o negócio lucrativo. Mas ele fez exatamente aquilo que falamos para você não fazer... Ele começou pela planilha, ainda que em um pedaço de papel.

Após explanar seu método de custeio, Xandão passou a mão na careca, depois na barba, acomodou-se em um banquinho na área de clientes, reclinou o corpo, colocou a palma das mãos no joelho e disse: "Não há o que fazer. Quanto mais eu aumento o preço e reduzo os custos, mais perco clientes. E, como podem ver pelos meus cálculos, não posso vender um centavo mais barato".

E ele continuou: "Não sobra quase nada por mês, e desistir do negócio parece o único caminho viável".

É triste ver um empresário nessa situação, meus amigos. Já vimos muitos quadros de desespero e já choramos junto com muitos clientes. Eles vão se lembrar, ao ler essas linhas, que a vida nem sempre foi de alegria.

Agora, meu caro leitor, respire e relaxe.

Percebemos que não havia erro matemático nas contas do Xandão. Também não houve preguiça ou negligência. Ele orçou e computou todas as despesas, tomou o cuidado de listar os preços de todos os seus concorrentes. Ele tentou comprar insumos mais baratos, mas a qualidade caiu e afugentou clientes. Depois, aumentou o preço, mas por base de comparação perdeu vendas para a concorrência. Ele está literalmente no mato sem cachorro, quente. Não sei estão familiarizados com essa gíria de vó. Traduzindo: perdido, sem saída.

61

CRIANDO EXPERIÊNCIAS LUCRATIVAS

O que ele deve fazer? Quais são os caminhos a seguir?

Opa, peraí! Estávamos nos esquecendo, temos um passo a passo para criar um produto perfeito!

Lembra-se do pão, da salsicha e do molho?

É hora de tentar e verificar o encaixe dessa estratégia; afinal de contas, o Excel do Xandão não serviu para nada, mas o nosso passo a passo vai resolver a vida dele. E daremos a ele dois caminhos: butique ou linha de produção.

Lembra-se disso também?

Agora na prática. Precisamos descobrir e posicionar o produto do Xandão.

Vamos listar dois caminhos de preço. O primeiro de combate, competitivo, bem linha de produção. O segundo mais gourmet e encantador, uma butique.

Independentemente do posicionamento de preços, perceba que nossas reflexões já nos levaram ao desenvolvimento de nossos atributos. Veja que provocamos o nosso cérebro a raciocinar elementos tangíveis e intangíveis sobre um produto. Basta evidenciá-los. Veja só.

Tangíveis: queremos sabor de pão, salsicha e molho. Não aceitamos milho, batata, purê, parmesão. Muito menos o saquinho transparente. Queremos uma embalagem simples, potente, que carregue um verdadeiro e poderoso cachorro-quente.

Intangíveis: queremos originalidade, praticidade, higiene. Queremos o aroma e o sabor que invadem as esquinas nova-iorquinas e que ajudaram a disseminar a iguaria do *hot dog* pela América.

Viu como fica fácil atribuir valor e comunicação positiva quando já temos em mente tudo o que queremos e tudo o que não aceitamos? A construção da experiência passa pelo desenvolvimento de um sentimento de transformação de um momento de consumo.

62

3. PRODUTO

Como fizemos isso? Existe uma técnica?

Aqui na GPME fazemos isso há muito tempo, portanto nosso cérebro já funciona espontaneamente em busca de uma experiência lucrativa. É quase elementar, e, praticando, você também desenvolverá a capacidade de montar emoções e associá-las aos produtos e serviços.

Mas, sim, existe uma técnica consagrada que resume bem o que fizemos. Nos munimos da matriz preço × valor e de uma outra importante matriz chamada Erec.

A tradução literal dessa sigla é Elevar, Reduzir, Eliminar e Criar.

São basicamente quatro perguntas que fizemos instintivamente na construção do nosso *hot dog*. São elas:

- Quais atributos devo elevar no meu produto?
- Quais atributos devo reduzir no meu produto?
- Quais atributos devo eliminar no meu produto?
- Quais atributos devo criar no meu produto?

Segue um resumo com tudo que fizemos em nosso cachorro-quente:

- Elevar: qualidade do pão, da salsicha e do molho;
- Reduzir: quantidade de ingredientes e molhos em desarmonia;
- Eliminar: embalagem plástica e todos os itens que confundem a experiência sensorial;
- Criar: nova embalagem, nova apresentação e nova entrega da proposta de valor.

Esse caso do cachorro-quente é a prova viva de que existe diferenciação até para vender produtos que os clientes enxergam como *commodities*.

63

CRIANDO EXPERIÊNCIAS LUCRATIVAS

Mas, para isso, é preciso pensar fora da caixa, ou melhor, fora do saquinho transparente.

O Xandão agora tem dois caminhos a seguir, e a montagem de seu cachorro-quente apontará qual será o melhor. O que você prefere:

1 Um cachorro-quente *clássico*, com preço competitivo, acreditando na elasticidade da sua demanda em relação ao preço e apostando na escala? Esse caso é o que chamamos de experiência de MEIO, na qual a concentração deve ser em construir produtos equilibrados, com insumos econômicos e bem negociados e com uma dinâmica ágil de produção e entrega. Temos de controlar a cadeia para entregar valor em escala.

2 Ou um cachorro-quente *gourmet*, com preço premium, experiência de alto valor agregado, com serviço diferenciado, apostando em uma venda mais seletiva e encantadora? Nessa vertente, temos uma experiência de FIM, focada em surpreender e emocionar individualmente clientes específicos. Devemos, nesse caso, controlar a experiência sensorial, pensando minuciosamente em cada detalhe de cada sensação. Aqui é como se a experiência começasse a ser julgada na entrega.

Apresentamos duas propostas possíveis e duas experiências completamente diferentes. Mas como saber qual é o melhor caminho?

Toda vez que estamos desenvolvendo um produto e temos dúvidas sobre qual estratégia seguir, devemos fazer o óbvio: testar.

Testar produtos no mercado envolve selecionar uma amostra de consumidores e analisar seu comportamento em diferentes situações.

Esses testes podem ser quantitativos e qualitativos, ou seja, podem se basear em critérios e formulações estatísticas ou apenas em julgamentos de opiniões e percepções da amostra. A própria amostra pode ser definida

64

3. PRODUTO

tecnicamente a partir de um modelo matemático que represente uma população, ou simplesmente por uma seleção empírica, por julgamento, que forneça apenas informações e ideias gerais sobre o comportamento de um grupo específico de consumidores.

Empresas de tecnologia, inovação e comunicação digital utilizam constantemente os chamados testes A/B, que são exatamente modelos estatísticos de testes de hipóteses para verificação do sucesso de um produto ou de uma estratégia no mercado. Mas não precisa ser uma empresa de base tecnológica para testar.

No caso do cachorro-quente do Xandão, por exemplo, poderíamos adotar métodos bastante simples de testes, apenas para elevar nossa segurança com o melhor caminho a seguir. Uma seleção de um grupo de consumidores e um questionário básico de avaliação e satisfação, medindo o valor percebido contra o preço cobrado, já nos trariam bons *insights* sobre nossas possíveis experiências. Essa pesquisa básica poderia ainda fornecer alguns pontos de revisão e melhorias dos produtos com base nas informações descritas pelos consumidores. Parece uma cosia boba, mas, se o cliente é o dono do processo decisório, não parece óbvio perguntar a ele se o produto está perfeitamente encaixado, em vez de julgar sozinho?

Enfim, ambos os caminhos do Xandão são promissores e muito mais seguros do que a antiga disputa por espaços inexistentes. Como dissemos, não é uma questão de preço, mas, sim, de posicionamento e proposta de valor. Temos empresas de muito sucesso atuando no mercado da economia e outras com igual êxito atuando no mercado premium.

Vai lá, Xandão, mostra seu valor!

CRIANDO EXPERIÊNCIAS LUCRATIVAS

MUITO ALÉM DO CACHORRO-QUENTE

O exemplo do cachorro-quente que nos perseguiu ao longo de todo este capítulo foi apenas uma forma de tornar tangível uma estratégia de criação do produto perfeito.

Sabemos, porém, que a vida de muitas empresas é muito mais complexa do que um monoproduto de alimentação. Mas a verdade é que, por incrível que pareça, o ciclo de criação de uma experiência obedece aos mesmos preceitos e à mesma sequência lógica do cachorro-quente. Não muda absolutamente nada.

Não importa se sua empresa é um supermercado ou um grande magazine que trabalha comprando e revendendo mais de 10 mil itens. Você precisará cumprir todos os passos descritos aqui até encontrar a perfeição comercial de seus produtos.

Mas espere! Se uma loja de varejo comercializa os mesmos produtos que diversas outras lojas do segmento, como ela vai criar um produto perfeito se os produtos são iguais?

Lembre-se de que dissemos que um produto não é apenas um objeto, mas, sim, todas as experiências sensoriais que envolvem um processo de compra. Temos supermercados e/ou magazines muito mais lucrativos e com volumes de vendas muito superiores aos seus concorrentes. Algumas são fortes porque conseguem praticar preços competitivos, em larga escala, apostando na **linha de produção** e na elasticidade da demanda sensível ao preço. Outras apostam em lojas **butique**, vendendo comodidade, segurança, beleza, exclusividade, customização, entre outros valores.

A rede mineira de supermercados BH, uma das redes de maior crescimento no país, é um exemplo fortíssimo de ponto de venda focado em uma linha de produção, com exaltação de preços baixos e alta escala

[...] UM PRODUTO NÃO É APENAS UM OBJETO, MAS, SIM, TODAS AS EXPERIÊNCIAS SENSORIAIS QUE ENVOLVEM UM PROCESSO DE COMPRA.

CRIANDO EXPERIÊNCIAS LUCRATIVAS

de produção e atendimento. Já a Rede Hortifruti desenha toda a sua experiência em torno do conforto e da satisfação do consumidor, apostando em lojas menores, em maior número de colaboradores, em produtos com maior sofisticação, exclusividade e customização. São dois cases de sucesso com posicionamento distinto, mesmo vendendo produtos extremamente similares.

Ficou claro que o produto perfeito não é apenas aquilo tangível, em que colocamos na mão, mas todo o conjunto de valores e propósitos que a empresa agregou a ele.

Pratique com o seu negócio e exercite a sua experiência, conforme as premissas abaixo.

- Entenda o problema do seu cliente;
- Identifique as necessidades e as oportunidades;
- Conheça o comportamento de compras do consumidor;
- Categorize as faixas de preços praticadas pelos concorrentes;
- Analise quão elástica é a conduta do cliente em relação às mudanças de preço no mercado;
- Defina quais serão os diferenciais de seu produto ou serviço (valores agregados);
- Perceba o que o cliente valoriza (valor percebido) em suas escolhas;
- Insira valores intangíveis e gere desejo pelo seu produto;
- Posicione-se na matriz preço × valor;
- Crie a sua experiência única ou a sua proposta de valor;

- Teste e controle a experiência;
- Encaixe o seu produto no mercado;
- Refaça esse exercício constantemente, revisando e melhorando seu produto.

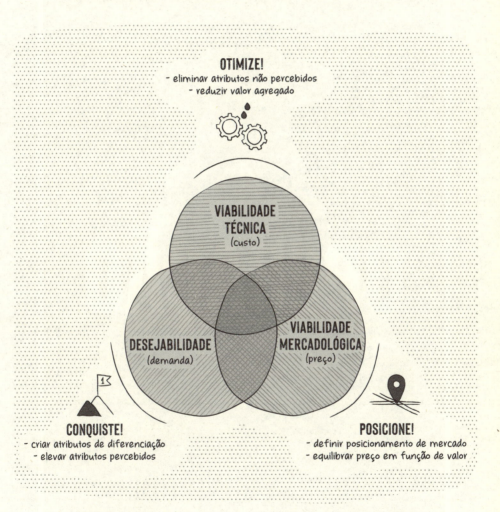

4.
OPERAÇÃO

A MÁQUINA DE RESOLVER PROBLEMAS

Quando lemos o termo "operação", nos vem à cabeça imediatamente uma planta industrial de produção, com máquinas espalhadas em um pátio cinza e barulhento. Funcionários mal-humorados, com semblante fechado, usando protetores auriculares, trajando uniformes tradicionais e andando como zumbis hipnotizados pelo sistema produtivo infeliz.

Bem diferente é a visão mental que nos invade quando ouvimos a palavra "marketing" ou "vendas". Essas palavras doces nos levam a pensar em cores, sons de passarinhos e MacBooks de última geração em mesas compartilhadas. Nos trazem ainda a imagem de pessoas andando de patins, sentadas em pufes coloridos, emanando ideias, com expressão feliz, segurando xícaras de café personalizadas com seus nomes e produzindo felicidade.

A verdade é que os vendedores sabem se vender e criaram essa diferença sensorial óbvia entre as áreas de marketing e produção.

Reparem: quando os vendedores finalizam uma venda de urgência, eles dizem "agora é só mandar para os chatos da produção e ver se eles conseguem agilizar o pedido". A área produtiva, por sua vez, recebe aquela nova e emergencial ordem de serviço (OS) como um castigo, pensando: "Lá vêm esses irresponsáveis do marketing bagunçar o meu plano de controle da produção (PCP)".

Como podem ver, o mundo dos negócios e as próprias áreas de marketing e produção se acostumaram a criar conflitos em um jogo de empurra-empurra, no qual uma disciplina transfere previamente para a outra a responsabilidade por qualquer insucesso futuro.

Mas a verdade é que já não há mais espaço para esse "mimimi". O mundo moderno pede conversão, conexão, sinergia, cumplicidade e comprometimento mútuo. Não existem mais áreas rivais nas empresas modernas. Não existe fazer apenas a sua parte ou o "cada um no seu quadrado". Não há mais quadrados nem espaço para empresas quadradas. Empresas precisam se desdobrar para resolver as necessidades do mercado.

Pense bem: se as empresas existem para resolver problemas do mercado; se a solução vem por meio dos produtos; e, se a área de produção é responsável por fabricar esses produtos, temos, de fato, uma máquina de resolver problemas.

Neste capítulo, você vai compreender como a engenharia e o marketing devem se fundir para desenvolver soluções (produtos) aos problemas dos clientes. Vamos imaginar uma nova expressão, a "engenharia de marketing", como a união entre produto e operação. Os futuros engenheiros de marketing serão aqueles profissionais do futuro que fazem o elo perfeito entre a necessidade do cliente, o desenvolvimento da solução e a conexão da experiência apresentada. As equipes ideais de trabalho serão multidisciplinares, capazes de juntar talentos. Processos criativos de *branding* e marketing de diferenciação devem andar lado a lado com as estatísticas e a lógica para os testes de hipóteses de produtos. Só assim conseguiremos encontrar e entregar o nosso *Product Market Fit* (PMF), o encaixe do produto no mercado.

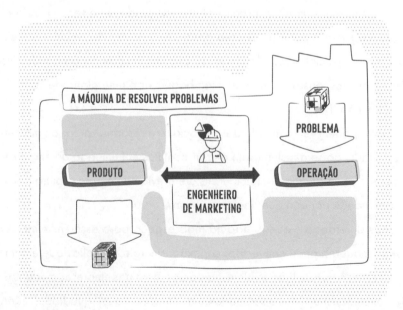

4. OPERAÇÃO

Em breve, entraremos naquela mesma planta industrial, descrita no início do capítulo, mas as paredes terão cores vibrantes. No fone de ouvido estará tocando Bob Marley. Os uniformes serão modernos e descolados, e os colaboradores estarão vibrando por seu novo status de "resolvedores" de problemas. Quem sabe teremos uma sala de descanso com pufes e máquinas de café *espresso*.

Comparando as matrizes, podemos dizer que a matriz PRODUTO é o arranjo de fatores externos, e a OPERAÇÃO é a estruturação interna. Mas ambas possuem o mesmo foco: o cliente.

Já sabemos o que vender, como vender e por quanto vender. Chegou a hora de entender como executar, em qual ambiente, utilizando que tipo de ferramentas, a qual custo.

Vamos em frente.

A matriz Operação contempla todos os aspectos físicos e práticos relacionados ao objetivo principal da empresa. É como se pudéssemos descrever em um texto a empresa em funcionamento girando, operando. Nessa matriz, utilizaremos bastante raciocínio lógico e pouca estratégia.

Bem, é isso que pretendemos fazer aqui, daquele jeitinho bem agradável, sem engessar teorias e sem criar um manual de instruções técnicas. Nossa intenção é combinar ferramentas e práticas com uma dose forte de experiência adquirida por nós ao longo de quinze anos.

Começaremos falando de pessoas.

PESSOAS: RECURSOS DOTADOS DE CONSCIÊNCIA

Literaturas sobre gestão de recursos humanos costumam ser longas e pouco objetivas. É, sabemos disso...

Você já deve ter se cansado de ouvir falar em liderança, desenvolvimento de habilidades, motivação, reconhecimento profissional etc.

73

CRIANDO EXPERIÊNCIAS LUCRATIVAS

Pois bem, apesar da essência humana desse tema, queremos deixar toda a subjetividade para trás e abordar esse assunto tão delicado com maior clareza e prática. Isso não significa que vamos transformar pessoas em números, mas, sim, criar um quadro de colaboradores produtivos e satisfeitos.

Na verdade, nós temos um posicionamento bem claro nesse âmbito humano. Estamos no ano de 2021 e temos que aceitar que não existe mais trabalho estritamente operacional. Se você contrata pessoas com o objetivo de fazê-las cumprir rotinas operacionais, sem nenhuma contribuição intelectual, você está formando um time de insatisfeitos.

Ninguém quer fazer a mesma coisa por cinquenta anos seguidos, sem saber o motivo e sem opinar sobre melhorias. Nem o ser com o mínimo de inteligência do planeta quer isso. Então, pense bastante antes de criar um exército de múmias descontentes.

Para evitar isso, deixe claro seu propósito para todos aqueles que fazem parte da equipe, ouça novas ideias, oriente, elogie quando for surpreendido, critique quando não for correspondido, seja humano com os recursos humanos.

E, como o título desse tópico menciona "recursos dotados de consciência", podemos tentar criar uma alusão ao mundo dos esportes, pois sabemos que competidores sem propósito dificilmente conquistam sucesso.

Um grande nome do esporte, idolatrado pela maioria dos brasileiros, nos vem à cabeça: Ayrton Senna. Nosso eterno herói, exemplo de excelência. Um gênio do automobilismo que deixou saudade durante emocionantes onze anos nas nossas manhãs de domingo.

Senna era determinado. Era uma cabeça pensante, com uma grande responsabilidade dentro de um universo cheio de pressão e dinheiro. Por mais que estejamos falando de esporte, as escuderias também são empresas (e das grandes!). Como toda corporação, há supervisores, diretores e até a figura do "dono".

74

4. OPERAÇÃO

O nosso ídolo cumpria seu papel dentro da pista, fazia seu trabalho. Ele gerava resultado para sua equipe, alegrava brasileiros e simpatizantes no mundo todo. E, ainda, crescia profissionalmente, aumentando sua autorrealização.

Mas será que qualquer pessoa pode mentalizar e praticar um propósito? Será que podemos ajudar nossos colaboradores a encontrar essa vontade de contribuir?

Veremos...

Em busca da felicidade

Se o colaborador não estiver feliz, não haverá resultados satisfatórios para a empresa. Nem para ele mesmo.

Mas o que é a felicidade? É um momento? É um estado constante? É uma meta?

Essa não é uma resposta fácil de encontrar.

Não vamos nos arriscar a definir o que é felicidade, mas podemos reduzir a infelicidade. Isso nós sabemos fazer. O ser humano possui necessidades. E as necessidades estão diretamente ligadas à felicidade, ou melhor, à infelicidade. Para deixar alguém feliz, não existe fórmula certa. Mas, para deixá-lo infeliz, existe. Basta não sanar alguma de suas necessidades.

Então, o desafio é tentar não causar a insatisfação, ou seja, atender às necessidades dos humanos que fazem parte da nossa organização. E o mais interessante nisso tudo é que existe uma ordem de prioridade.

Dificilmente alguém sentirá falta de um bate-papo com amigos se estiver passando fome. Ninguém pretende ser o melhor médico da cidade sem antes ter condições financeiras de bancar os estudos.

Amizades, comida, renda, estudo e autorrealização são alguns exemplos de necessidades.

Um estudioso da psicologia humana, Abraham Maslow, dividiu as necessidades do ser humano em cinco níveis e criou um conceito chamado

75

"Hierarquia das necessidades de Maslow", ou simplesmente "Pirâmide de Maslow".

Esse conceito de Maslow servirá como pano de fundo para nossa missão de evitar a infelicidade. Mas vamos abordá-la com outra composição e definir apenas três níveis para ficar mais objetivo.

No nível inferior, encontram-se as necessidades básicas. São aquelas essenciais para a vida de qualquer pessoa. O sono, a comida, a segurança, a saúde e a integridade física compõem essa faixa. É praticamente impossível um ser humano desejar algo grandioso sem antes conseguir suprir essas necessidades essenciais.

Em seguida, temos as necessidades sociais. Essas estão relacionadas à autodescoberta e ao relacionamento com outras pessoas. Quando se tem o básico solucionado, chega o momento de buscar amigos, namorado, respeito dos outros e aprovação social.

No topo, encontram-se as necessidades pessoais. Sejam elas pessoais ou profissionais, é nessa fase que a pessoa consegue apreciar o sentimento de autorrealização. Alguns exemplos são o autocontrole, a autonomia e a independência.

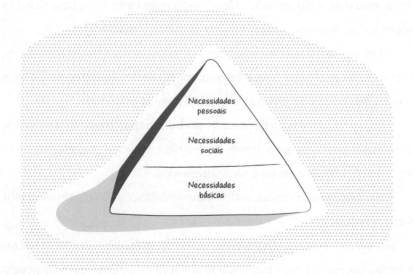

4. OPERAÇÃO

Podemos usar nosso tricampeão mundial de Fórmula 1 como exemplo desse nível superior. Ou alguém tem dúvidas de que ele atingiu sua autor-realização profissional?

Você, como empreendedor, precisa entender em qual estágio de necessidade o seu colaborar está posicionado, para tentar lhe oferecer a solução certa para seus problemas e reduzir sua infelicidade. Se esse tratamento não for realizado caso a caso, funcionário por funcionário, não haverá sucesso.

Pode parecer inconcebível, mas a maior parte da população tem problemas no primeiro nível, nas necessidades básicas. Como podemos solucionar o calor do ambiente de trabalho de um colaborador oferecendo-lhe um computador novo com processador de última geração? Não vai dar certo. Você vai gastar moedas para encher o cofre errado. Você precisa entender o problema, verificar qual necessidade está mal atendida e começar por ela. Nesse caso, um sistema de ventilação ou um ar-condicionado poderiam ser a solução.

A cada nível completado, você terá a chance de atuar num novo nível. Vale lembrar que as pessoas flutuam entre os níveis, para cima e para baixo.

Outro exemplo é aquele operário que trabalha no turno noturno, sozinho, todas as noites e está com índice baixíssimo de produtividade. Talvez o que ele precise seja apenas de uma companhia, e não de um aumento de salário. Nesse caso, uma alteração na escala da empresa, colocando uma dupla de operadores noturnos, poderia aumentar a produtividade do turno e a produtividade individual, sem aumentar consideravelmente os custos da empresa.

Há pessoas que preferem altos salários e baixo status. Outros preferem maior status, mesmo sem a recompensa financeira. Isso quer dizer que existem necessidades diferentes entre as pessoas, e aquilo que atende a fulano talvez não atenda a beltrano.

Tem de analisar, tem de investigar, tem de pensar.

CRIANDO EXPERIÊNCIAS LUCRATIVAS

O poder de um elogio

Ainda dentro do estudo superficial sobre a felicidade, podemos falar sobre o elogio. Por definição, elogiar significa louvar, tecer e exaltar as qualidades.

Elogiar tornou-se um verbo quase proibido no mercado empresarial. A maioria dos empresários pensa que elogiar um funcionário pode fazer com que ele se acomode ou peça um aumento. Já vimos até medo de elogiar um fornecedor, por receio de que ele aumente seus preços, reduza sua qualidade ou piore seu atendimento, julgando que o cliente já está garantido.

Algum pensador inglês disse que o sucesso do elogio vem da sua escassez (ele é merecedor de créditos, mas não encontramos a sua origem). Dessa forma, em vez de pensar nessa frase como um expurgo ao elogio, pense que elogiar pode ser uma grande vantagem competitiva para o seu negócio, desde que os elogios sejam sinceros e distribuídos com meritocracia.

O elogio é o melhor sistema de remuneração variável, é a melhor ferramenta de fidelização e manutenção de parcerias, além de um potencial gerador de felicidade.

Poupe recursos com dinâmicas e palestras motivacionais e simplesmente preste mais atenção nas pessoas elogiáveis. Um elogio sincero é a dica suprema, o sinal daquilo que queremos que se repita.

Portanto, amanhã, quando iniciar seu expediente, elogie mais, agradeça mais, escute mais e critique menos. Depois nos conte o que a vida lhe deu em troca.

O clima e o tempo

Para fechar este momento poético, precisamos mostrar o que realmente pensamos sobre a felicidade.

Vamos usar um pouco de geografia para deixar mais interessante.

O tempo é um estado momentâneo da atmosfera, enquanto o clima é uma configuração permanente. Assim, o clima tem algumas variações de tempo, mas mantém um comportamento mais homogêneo.

4. OPERAÇÃO

Um clima tropical, por exemplo, guarda características de calor (mega-térmico) com temperaturas superiores a 18°C e sem a presença de grandes estações invernosas. Porém, temos vários dias de tempo frio em regiões de clima tropical.

Seguindo essa analogia, a felicidade pode ser encarada como clima da vida, um estado de espírito permanente, afiado e disponível para o sentimento de prazer, paz interior, bem-estar e autorrealização.

A alegria, por sua vez, é apenas uma variação temporal, apenas um estado momentâneo que pode oscilar, provocando estados de tristeza, como apreensão, raiva, ódio, mágoa, inveja etc.

Assim, uma pessoa feliz pode ter momentos de alegria e tristeza, assim como um clima tropical terá dias frios e quentes. O importante é definir seu estado permanente de equilíbrio, para que se torne uma pessoa que, apesar das oscilações entre tristeza e alegria, transite sempre em uma órbita per-manente de felicidade.

Teremos dias nublados na vida. Podemos curti-los e aprender a vivê-los com tranquilidade, sabendo que amanhã será um outro dia e que um novo nascer de sol maravilhoso nos espera em breve.

Se você não estudar a sua própria felicidade, será bem difícil ajudar seu time a encontrá-la.

Bonito, não é?

Mas vamos partir para algo mais prático?

O processo básico de recursos humanos

É muito comum pensar no processo principal de recursos humanos nessa ordem: recrutar, selecionar, treinar, preencher o cargo, avaliar o desempenho. Realmente parece correto, e é assim que muitas empresas fazem.

Não basta reorganizar alguns itens da sequência. Precisamos inverter completamente essa série.

79

CRIANDO EXPERIÊNCIAS LUCRATIVAS

Tudo começa no desempenho e termina no recrutamento. Pois é...

Primeiro, precisamos descobrir quais tarefas têm de ser desempenhadas. É aqui que definimos se as tarefas serão executadas por pessoas ou por máquinas, quantas pessoas serão necessárias para realizar o processo completo etc.

Em segundo lugar, precisaremos distribuir essas pessoas em cargos. E os cargos não podem ser inventados. Eles devem surgir dentro de uma distribuição de pessoas, de acordo com os objetivos que a empresa deseja atingir. O empresário tem mania de preencher cadeiras vazias sem se perguntar primeiro se aquela cadeira deveria existir.

Terceiro, temos que entender que nenhuma pessoa fará aquilo que você deseja sem saber os detalhes do que você deseja e qual é o melhor caminho para atingir esse objetivo. Para isso, existem os treinamentos, que devem ser desenhados e documentados. Nada muito rebuscado, apenas uma cartilha com "o que fazer" e "como fazer".

Quarto ponto, processo de seleção. "O que a pessoa precisa cumprir durante a seleção para demonstrar que está apta a assumir aquele cargo?" Tente criar situações equivalentes ao ambiente de trabalho que simulem os maiores desafios daquela função. Se você não puder reproduzir o ambiente e os dilemas, faça um processo *in loco*. Mesmo que seja necessário remunerar o candidato, vale a pena gastar para ter certeza. É melhor do que economizar para manter a incerteza. Na seleção, você precisa definir muito bem os requisitos, pois os pré-requisitos serão na próxima fase: o recrutamento.

Agora, ficou bem mais fácil, né? Já tem as tarefas, os cargos, o treinamento e o processo de seleção, basta ir ao mercado encontrar seu colaborador ideal. Defina bem os pré-requisitos e detalhe-os ao máximo para garantir que seu filtro seja eficiente. Com um bom filtro no recrutamento, você evita perda de tempo na seleção.

4. OPERAÇÃO

Escolher as pessoas certas para o seu time é como escolher os pilotos certos para sua equipe de Fórmula 1. E não apenas os pilotos, pois eles não vencem sozinhos. Eles precisam de um time imenso de profissionais com funções específicas e essenciais, entre chefe de equipe, diretor comercial, diretor técnico, aerodinamicistas, projetistas, engenheiros de P&D, mecânicos, técnico de pneus, técnico de componentes, técnico de transmissão, técnico de combustível.

Encontre os melhores profissionais, cuide da sua equipe e busque vencer o campeonato, ou, pelo menos, conquiste boas vitórias ao longo da temporada.

GESTÃO DA OPERAÇÃO: COMO TOCAR A EMPRESA

Agora que temos as pessoas certas (e felizes!), precisaremos colocar a máquina para funcionar.

Existem formas diferentes de tocar um negócio. Cada gestor escolhe a forma como executará seu plano. E até para executar esses planos dispomos de algumas técnicas e práticas.

E dificilmente uma única metodologia atenderá à demanda completa da empresa. Vamos falar sobre elas.

Processos padronizados

Quando os primeiros estudos sobre administração de empresas foram publicados, a maioria dos negócios existentes era perfeitamente mapeável e constante. Podemos até ser radicais e dizer que as empresas eram "quadradas". E isso não é uma crítica ou depreciação. É um fato.

A quantidade de empresas era pequena. A demanda era maior que a oferta, e tudo que se produzia era vendido. Destacava-se aquele que conseguia produzir a maior quantidade pelo menor custo possível.

Esse comportamento do mercado fazia com que os processos fossem focados em padronização. Uma das formas mais comuns para aplicá-los eram fluxogramas sequenciais, principalmente no formato cascata. "Faça isso, depois aquilo, em seguida finalize dessa forma".

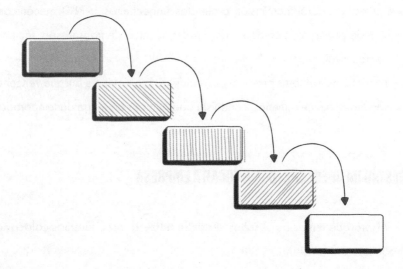

4. OPERAÇÃO

Engana-se quem acha que isso é coisa do passado. Foi criado no passado, mas ainda é muito útil em vários casos. Todos os processos que envolvem repetição ou que possuem início, meio e fim bem delineados podem ser geridos por esse modelo de fluxo.

Descarregar um caminhão de matéria-prima, fazer um backup de dados de um software ou enviar o cadastro de consumidores que participaram de determinada campanha são bons exemplos de processos que podem ser padronizados e que ainda podem ser praticados nos dias atuais.

Alta qualidade ao menor custo possível

Com o passar do tempo, o mercado foi crescendo, e a quantidade de empresas para atender à população cresceu ainda mais. Os consumidores passaram a ter o poder de escolha entre produtos e marcas disponíveis.

Naquele momento, não bastava entregar bens ao menor custo, mas, sim, com novos atributos.

Para equilibrar essa balança, os modelos mais famosos da época defendiam alguns princípios: controle de qualidade (redução de erros); simplificação de processos; produção sob demanda (*just in time*); e produção enxuta. Esses conceitos foram detalhados pela primeira vez no Sistema Toyota de Produção (Toyota Productions System – TPS).

Desse modo, as empresas pararam de cuspir produtos à revelia. Seguindo a tendência, a produção deixou de ser empurrada e passou a ser puxada. Ao mesmo tempo, vários programas de controle de qualidade foram criados para se antecipar a erros e evitar perdas.

Mas essa fase não durou muito, pois os clientes tinham vontades e anseios a serem atendidos. E não demorou para esses consumidores depositarem nos produtos suas expectativas.

Como pudemos ver na matriz Produto, o encaixe de mercado depende do conjunto de atributos alinhado às intenções do cliente, e, para conquistar

83

CRIANDO EXPERIÊNCIAS LUCRATIVAS

essa missão, a gestão do fluxo de valor torna-se fundamental. Foi quando a filosofia *Lean Manufacturing* (manufatura enxuta) tomou corpo, unindo a necessidade do cliente a uma operação eficiente. Em outros termos, o foco foi dirigido para maximizar o valor do cliente e minimizar o desperdício.

Quase um século depois, esse modelo ainda se mostra como a melhor opção para a execução de vários processos dentro das empresas. Alguns negócios baseiam sua gestão inteiramente nessa cultura.

Posteriormente, uma variação no título foi criada, surgindo o *Lean Thinking*, que pode ser traduzido como "mentalidade enxuta". Deixou de ser apenas um método e passou a ser uma forma de pensar.

Vale lembrar que qualquer empresa, de qualquer ramo, pode ser *Lean*, utilizar *Lean* ou adotar processos *Lean*.

Uma indústria de móveis, por exemplo, pode produzir suas peças mediante os pedidos de venda, sem a necessidade de produzir incessantemente sem saber se haverá demanda para todo o estoque de produtos acabados. Para isso, ela poderia criar um mostruário físico ou um catálogo com os produtos disponíveis e enviar diariamente as ordens de produção do dia anterior para a planta produtiva. Para que não haja desalinhamento entre a empresa e o cliente, o prazo de entrega precisaria ser planejado e combinado no ato da compra.

Já em uma rede de drogarias, é possível criar um sistema de reposição de estoques com base no giro semanal de cada produto, ativando, assim, as solicitações de compra de cada fornecedor. Realizar a cotação eletrônica de preços antes de executar o pedido também seria uma prática *Lean*. Outra ação dentro da mentalidade enxuta seria a implantação do autosserviço em seções de produtos não complexos, para reduzir a quantidade de atendentes.

E no setor de serviços, é possível ser *Lean*? Certamente.

Imagine um centro de formação profissional de operadores de retroescavadeiras. Se os cursos fossem segmentados em duas partes, teórica e prática,

84

poderíamos executar a fase teórica a distância, utilizando ferramentas de videoconferência, aulas gravadas em vídeos, materiais escritos, testes on-line de verificação de aprendizado etc. Somente na etapa seguinte seria necessário o encontro presencial dos alunos, para a capacitação prática, em que sabemos que o custo de execução é maior.

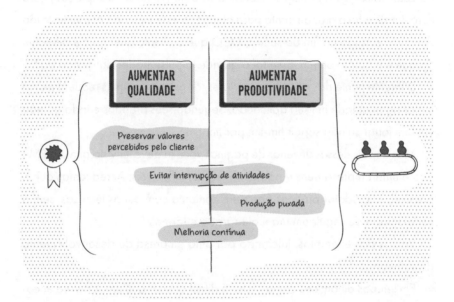

Perceba que o tema aqui não é produção, mas, sim, operação. Estamos juntando custos, processos e pessoas num mesmo balaio e buscando o melhor arranjo desses componentes para cada tipo de negócio.

O poder de adaptação e a flexibilidade

Alguns anos depois da consolidação da filosofia *Lean*, notou-se que aqueles anseios dos clientes eram variáveis.

O ambiente evoluía, os recursos evoluíam, e, consequentemente, as necessidades e os desejos dos clientes também sofriam transformações.

CRIANDO EXPERIÊNCIAS LUCRATIVAS

A revolução tecnológica teve um papel importante nesse cenário. Os mecanismos virtuais criaram inúmeras possibilidades de modificação e adaptação de produtos e serviços. Foi aí que surgiu uma nova abordagem, no ano de 2001, conhecida como gestão ágil.

O uso da palavra "nova" nesse contexto pode ser considerado indevido, visto que a maior parte dos métodos ágeis possui grande influência do *Lean Thinking*. A principal diferença está no poder de adaptação. Essa característica foi o grande trunfo para atender a esse mercado consumidor tão dinâmico surgido no fim do século XX. O que o cliente quer hoje é diferente do que ele queria ontem. Esse foi o grande impulsionador da gestão ágil.

Diferentemente dos métodos anteriores, os princípios ágeis requerem uma maior rigorosidade em sua aplicação. Segundo seus próprios criadores, não vai funcionar se não seguir tim-tim por tim-tim.

Mas depois dessas dezenas de páginas você já deve ter visto que a GPME não é uma empresa *nerd* e não curte teorias inflexíveis. Acreditamos que é possível, sim, adotar práticas ágeis em conjunto com outras técnicas, sem a necessidade de seguir um manual regrado e formal.

Vamos aos exemplos, iniciando por uma empresa de desenvolvimento de softwares.

Em tempos dinâmicos como esses, é difícil aceitar que um software encomendado hoje pelo cliente e entregue 180 dias depois estará perfeitamente alinhado com as suas necessidades. Muitas coisas podem mudar em 180 dias, e um software pode sofrer até obsolescência em algumas funções dentro desse período.

Um dos princípios ágeis mais interessantes se baseia na colaboração entre empresa e cliente. Imagine que, em vez de entregar o software completo em 180 dias, o processo fosse dividido três entregas a cada sessenta dias? Na primeira entrega, o cliente teria acesso a um protótipo, e certamente seriam solicitadas várias adequações visuais, funcionais e estruturais. No 120º dia aconteceria uma nova interação, em que surgiriam novos realinhamentos, novas alterações e adaptações. Na última fase, após o período total de

86

4. OPERAÇÃO

180 dias, o cliente iria receber a sua encomenda muito próximo da sua expectativa, com o mínimo de ajustes a serem executados.

Qual formato você acredita que obterá melhor resultado, entregando maior valor ao cliente e com a menor perda possível: 180 dias seguidos ou três fases de sessenta dias?

Pois é. Não há dúvidas.

Seguindo os princípios dessa metodologia, ser ágil significa:

- ▶ Colocar os indivíduos e suas interações acima de procedimentos e ferramentas;
- ▶ Priorizar o funcionamento do produto acima de documentações;
- ▶ Incentivar a colaboração com o cliente acima da negociação e do contrato;
- ▶ Ampliar a capacidade de resposta a mudanças acima de um plano preestabelecido.

Em resumo, as ferramentas ágeis servem para alterar o projeto antes do seu fim, aumentando as chances de obter um resultado mais satisfatório para empresa e cliente.

É verdade que o Manifesto Ágil foi criado por programadores de software, mas isso não significa que seja algo restrito ao mercado de tecnologia. A sua aplicação é possível em qualquer empresa que trabalhe com projetos, sendo que a maior parte delas se encontra no setor de serviços.

Entende-se por projeto qualquer empreendimento que possua início, meio e fim, com um plano desenhado para atingir determinado objetivo. Empresas do ramo de construção civil, como arquitetura, engenharia, construção e incorporação, são bons exemplos de negócios que executam projetos.

Consultorias, instituições de ensino, gráficas, agências de publicidade, produtores de eventos, clínicas odontológicas compõem mais alguns exemplos de negócios que têm maior aproveitamento na utilização de métodos ágeis.

87

CRIANDO EXPERIÊNCIAS LUCRATIVAS

Definindo o modelo de gestão ideal para a sua empresa

Chegamos ao fim e não podemos dizer que definir o modelo de gestão ideal será uma tarefa fácil.

Nosso objetivo foi passear um pouco sobre cada modelo disponível e tentar conectar os seus conhecimentos sobre o seu próprio negócio com aquilo que o mercado vem praticando em cada segmento.

Dificilmente, um único modelo suprirá todas as suas necessidades. O importante é você desenvolver uma máquina de resolver problemas que realmente funcione.

Escolhemos uma história muito bacana pra lhe contar agora, de um querido amigo e cliente da GPME há quase dez anos.

A empresa nasceu com a missão de locar geradores de energia e compressores para construtoras. O que sempre nos chamou atenção era o extremo cuidado que o gestor dedicava aos equipamentos, com planos de manutenção preditiva e preventiva. Quase não existiam as corretivas, pois tudo funcionava perfeitamente, e as panes eram raras. Ele ainda não percebia, mas estava implantando um excelente programa de controle de qualidade e prevenção de erros.

Além disso, desde o início do negócio até hoje, a equipe sempre foi muito reduzida, cerca de 20% menor que seus concorrentes. Um fator importante para essa façanha é o proprietário, que sempre foi a campo e desempenhou vários papéis: administrativo, operacional e comercial. E só depois de muita estabilidade e visível crescimento ele decidiu ampliar a sede. Com esses passos, ele criou um modelo extremamente enxuto.

Oportunidades de aquisição de novos equipamentos para incrementar o estoque começaram a surgir. Mas nunca presenciamos uma compra irresponsável. Tudo era devidamente pensado estrategicamente. Um novo gerador só era adquirido se o comercial (no caso, o próprio sócio) conseguisse levantar a demanda no mercado e garantisse um contrato de locação de pelo menos

88

4. OPERAÇÃO

doze meses. Com isso, ele munia a empresa com a filosofia *just in time* e quase nunca tinha dinheiro empatado em estoque.

Prevenção de erros, estrutura enxuta, *just in time*. São conceitos bem alinhados com modelos Lean. Mas podemos dizer que essa empresa é totalmente Lean?

Não.

O mercado de geração de energia muda bastante, principalmente por estar vinculado à construção civil. Mas nosso amigo não esperou nem completar o primeiro ano de empresa para perceber isso e iniciar a atuação em novos nichos. Primeiro, foram os grandes eventos musicais, abarrotados de iluminação e sonorização de alta potência, que exigiam muita energia. Depois, foram as indústrias e os hospitais, que não podiam sofrer interrupção no fornecimento e precisavam de backup para garantir estabilidade energética. Mais tarde, vieram os eventos sociais. Isso mesmo, casamentos, formaturas e eventos comemorativos realizados em locais que possuíam baixa carga elétrica ou instabilidade na rede. Ele foi buscar esses novos mercados e ainda continua desenvolvendo novas formas de atuar. Ele é arrojado e dinâmico.

Não bastasse, esse menino inquieto deixou bem claro para seus clientes que ele não seria apenas um locador de equipamentos. Ele assumiu o objetivo de prestar o serviço completo àqueles que precisassem de geração de energia, desde a logística até a supervisão do equipamento em funcionamento. Hoje existem até contratos em que não há máquina alugada, mas apenas a prestação de serviços em máquinas do próprio cliente, visando a garantia de manutenção da tensão e corrente elétrica na operação do cliente. Ele é flexível, rápido e se modulou conforme a necessidade do cliente.

Dinamismo, flexibilidade e alinhamento com o cliente. Agora podemos ver aspectos da metodologia ágil. Ele não usa métodos ágeis, mas pratica alguns princípios.

CRIANDO EXPERIÊNCIAS LUCRATIVAS

E ainda existem processos internos, como elaboração de proposta comercial, programação de pagamentos financeiros e até mesmo checklist de verificação de equipamentos que possuem fluxogramas simples de ações sequenciais. Sim, ferramentas quadradas, no modelo cascata, linear. E funciona muito bem.

Esse exemplo mostrou que em cada parte da empresa adotou-se uma gestão diferente. Há redução de custos em que é possível, mas não há redução de custos quando envolve a satisfação do cliente. Existe crescimento constante, mas sem atos irresponsáveis. Encontramos fluxogramas engessados, mas somente naquilo que precisa ser checado detalhadamente.

Cada empresa terá que se adaptar de acordo com aquilo que pretende entregar ao seu cliente. Como dissemos, não há regra ou modelo ideal. É o gestor que precisa construir seu próprio modelo.

Ah, quase nos esquecemos de uma coisa. Com muito prazer, apresentamos a você a BeltLoc, uma das maiores empresas de geração e transformação de energia da Zona da Mata mineira.

MAIS VALE UMA BAGUNÇA LUCRATIVA DO QUE UM PREJUÍZO ORGANIZADO

Na posição de consultores, temos percebido certa obsessão dos empresários por "organização". Alguns querem se organizar para crescer, outros querem se organizar para dar um passo importante e outros simplesmente para se tornarem mais organizados. Mas será que eles não estão se esquecendo de algo?

Na maioria das vezes, ser mais organizado não significa ser mais lucrativo. Na verdade, em muitos casos, o excesso de controle acaba onerando a empresa com mão de obra adicional, licenças de software, aumento de burocracia, atrasos em processos etc.

Aqui na GPME, acreditamos que "mais vale uma bagunça lucrativa do que um prejuízo organizado". Essa frase nos acompanha desde o início da empresa, e realmente confiamos nesse princípio.

MAIS VALE
UMA BAGUNÇA
LUCRATIVA DO
QUE UM PREJUÍZO
ORGANIZADO.

CRIANDO EXPERIÊNCIAS LUCRATIVAS

Isso não significa que as informações básicas não precisem ser registradas e analisadas. Ter domínio sobre as contas a pagar e as contas a receber é obrigação de qualquer negócio, de qualquer ramo. Até mesmo por questões de legislação, existem vários registros que precisam ser executados e documentados.

No entanto, investir tempo e dinheiro em ferramentas de controle interno só é aconselhável quando há oportunidades de ganhos maiores que os custos despendidos. O grande segredo é identificar qual o ponto mais frágil da sua empresa. É ali que mora o perigo e é ali que devemos mirar.

Vamos pensar em uma rede de supermercados, por exemplo. Normalmente, esses varejistas comercializam dezenas de milhares de itens. Portanto, é imprescindível que se invistam em instrumentos de controle de mercadorias para reduzir desvios e perdas. Nesse caso específico, sem sistema não há informações. Como seria administrar um supermercado sem controlar diariamente os processos de compra, estocagem e venda? É impraticável.

Imagine agora um e-commerce de artigos esportivos que atende a centenas de milhares de clientes mensalmente. Um sistema *Customer Relationship Management* (CRM) é essencial para conhecer melhor o perfil de cada um desses clientes. Com um CRM, a empresa conseguirá segmentar a base de clientes, analisar as preferências de cada grupo, criar promoções específicas, aumentar o nível de recompra, criar estratégias de fidelização etc.

Como os exemplos foram concentrados em softwares, talvez você tenha encarado de maneira errada. Qualquer coisa que possa ser medida e analisada permite ser controlada. Os controles também podem ser manuais, como é o caso de um livro-caixa, painéis de *dashboard* ou quadros de gestão à vista.

Independentemente da ferramenta, o mais importante é controlar apenas o necessário.

Para facilitar ainda mais, vamos apresentar os pontos principais de controle, ou seja, aqueles que não podem ser negligenciados em hipótese alguma. Nesse aspecto, vamos focar nos custos e nas despesas.

92

4. OPERAÇÃO

Um grande amigo e cliente nosso disse algo que carregamos conosco desde quando ouvimos: "custo é igual a unha: tem que cortar sempre".

Consideramos, portanto, que o controle de custos e despesas é algo essencial e vamos aprofundar esse assunto.

REGISTRANDO, APURANDO E CONTROLANDO

Segundo as teorias administrativa e contábil, custos e despesas são conceitos diferentes, mas aqui trataremos ambos de modo igual.

Mas algo que não pode ser unificado é a noção de custos fixos e custos variáveis.

Custos fixos × custos variáveis

De modo bem simples, custos fixos são aqueles que não variam em função do volume de vendas. Já os custos variáveis são o inverso, ou seja, sofrem variação a cada unidade extra vendida.

Mas vale esclarecer que os custos fixos também variam! Sua variação não tem relação com o volume de vendas, mas eles podem sofrer alteração de valor mês a mês, de acordo com sua utilização ou com o reajuste de tarifas.

Vamos pensar num carro de Fórmula 1. Os pneus e o combustível seriam os custos variáveis, enquanto a carroceria e o motor seriam os custos fixos. Pneus e combustível precisam de reposição constante, pois são gastos proporcionalmente à quilometragem rodada, até acabarem. Já carroceria e motor, apesar de também sofrerem desgaste e precisarem de manutenção, não são consumidos até se esgotarem (eles continuam existindo, são fixos).

E qual é a importância dessas duas categorias de custos? Acredite, é muito importante.

Pense bem. Como você vai projetar um cenário de crescimento de vendas da empresa sem identificar quais custos também sofrerão crescimento e quais permanecerão fixos? Como um empresário vai calcular seu ponto

CRIANDO EXPERIÊNCIAS LUCRATIVAS

de equilíbrio sem identificar o que varia e o que é fixo? Mais uma: como superar momentos de queda de venda sem conhecer seus custos e quais deles permitem redução?

Não existe uma tabela de exemplos para diferenciar os dois conceitos, pois um mesmo tipo de custo pode ser fixo para uma determinada empresa e variável para outra.

Por exemplo, o custo com energia elétrica. Em um escritório de engenharia, esse custo é fixo, mas em uma indústria de papéis esse custo é variável.

Um outro caso é a mão de obra. Em uma empresa do ramo de conservação e limpeza, a mão de obra é variável, pois essa alocação de pessoas varia conforme o volume de contratos de venda da empresa. Já em uma loja de varejo de calçados, a mão de obra pode ser considerada um custo fixo.

Mais uma amostra, os impostos. Os impostos sobre vendas ou lucros de um supermercado são custos variáveis, visto que estão complemente ligados à variação de receita. Mas os impostos sobre patrimônio (como o IPTU e o IPVA) desse mesmo supermercado são custos fixos.

É preciso pensar caso a caso para que os seus resultados, as suas projeções e os seus planos sejam corretamente analisados e interpretados.

Esses custos só vão fazer sentido se estiverem sintetizados em um demonstrativo de resultado, ou, simplesmente, DRE.

O DRE é algo tão essencial que deveria fazer parte das disciplinas escolares desde o Ensino Médio.

OK, exageramos.

Mas, acredite, são muitos empresários que desconhecem um DRE. Isso não é apenas revoltante, chega a ser triste.

O DRE básico

O DRE é o demonstrativo de resultado do exercício, ou seja, é com ele que descobriremos se a empresa gerou lucro (resultado) naquele período (exercício).

4. OPERAÇÃO

Se o gestor não mede seu lucro, como ele toma decisões? Como ele sabe o que precisa ser reduzido? Como ele planeja? Enfim, como ele vive?

Não sei as respostas, mas sou capaz de arriscar que seja sorte, pura sorte.

Imagine o que é pilotar um carro em alta velocidade sem saber se você está a 150, a 200 ou a 300 km/h? Como planejar uma retomada na próxima reta sem saber a rotação por minuto do motor? Ou sem saber qual marcha está engatada no câmbio? E o combustível, como descobrir se tem o suficiente para chegar ao final da prova?

Uma empresa sem DRE é como um carro de Fórmula 1 em alta velocidade, com todos os medidores defeituosos. Ou melhor, sem medidores.

Espero que sua empresa não esteja na pista acelerando sem saber como virar a próxima curva. Mas, se estiver nesse *cockpit*, você ainda tem tempo de se salvar.

Para começar um DRE, você precisará apurar a receita de vendas. Essa receita, também chamada de faturamento, é o total de produtos/serviços vendidos naquele período, independentemente de terem sido recebidos.

Logo após, você deduzirá os custos variáveis, ou seja, aqueles que variam em função do volume de vendas.

Em seguida, você deduzirá os custos fixos.

O resultado final será o lucro, ou melhor, o lucro operacional.

(+)	Receitas
(-)	Custos variáveis
(-)	Custos fixos
=	Lucro operacional

Pronto, é só isso.

É claro que existem técnicas, macetes, conceitos e regras para construir um DRE fidedigno, mas o primeiro passo é fazer o DRE existir. Se você tentar

CRIANDO EXPERIÊNCIAS LUCRATIVAS

fazer tudo conforme dita o figurino, vai passar o mês inteiro apurando seu resultado e, quando conseguir, já estará mais de um mês atrasado nas análises e tomadas de decisão.

Então, seja prático, comece! Insira o DRE na rotina da sua empresa e depois vá aperfeiçoando-o.

O DRE aperfeiçoado

Dentro dos dois grandes grupos de custos, fixos e variáveis, você também encontrará subgrupos para garantir uma visualização mais detalhada da empresa. Formalizando o conceito, essa categorização é chamada de plano de contas.

1	Receitas
2	Custos variáveis
2.1	Mercadorias vendidas
2.2	Impostos sobre vendas
2. ...	...
3	Custos fixos
3.1	Custo de ocupação
3.2	Mão de obra
3. ...	...

Mas não se empolgue. Um plano de contas exagerado pode gerar efeito contrário. Um detalhamento exagerado deixará a apuração mais demorada e a análise mais complicada. Quando for revisar seu plano de contas, seja simplista. Independentemente do tamanho da sua empresa, não ultrapasse vinte contas principais no seu DRE.

Podemos deixar nosso DRE ainda mais interessante.

Após deduzir os custos variáveis, podemos dividir nosso DRE e apurar o lucro bruto. E, depois de abater os custos fixos, encontraremos o lucro operacional (esse já foi apresentado):

(+)	**Receitas**
(-)	**Custos variáveis**
	Mercadorias vendidas
	Impostos sobre vendas
	...
=	**LUCRO BRUTO**
(-)	**Custos fixos**
	Custo de ocupação
	Mão de obra
	...
=	**LUCRO OPERACIONAL**

Lucro bruto e lucro operacional serão extremamente importantes na nossa conversa, de agora em diante. Daqui a pouco retomaremos esse assunto.

Contas a pagar e contas a receber

Além de saber quanto a empresa lucrou, é muito importante saber quais são as despesas a pagar e as receitas a receber.

Esse fluxo de pagamentos e recebimentos permitirá uma visualização do futuro, antecipando informações sobre faltas de recursos e prevendo momentos propícios para a realização de um gasto específico.

Assim como na Fórmula 1, é impossível iniciar uma corrida sem reconhecer o circuito; é inconcebível uma empresa sem controle de pagamentos e recebimentos.

Antes da largada, é preciso saber a quantidade de voltas, a quilometragem total da prova, qual é a curva mais perigosa, onde estão as retas de maior velocidade, qual é a probabilidade de chover, o tipo de pneu ideal, entre várias outras coisas.

Sem esse planejamento pré-prova, o risco aumenta significativamente, e a chance de subir no pódio é mínima.

Uma marca registrada que muitos guardam na memória, criada pelo nosso eterno ídolo, Senna, era a sua caminhada por todo o circuito antes de entrar no carro. Ele caminhava lentamente e parava. Observava a curva, os ângulos, os escapes, as caixas de brita, os *guardrails*. Avançava mais alguns metros, analisava, refletia. Isso era fantástico.

Ele realmente estudava seu fluxo e tentava desenhar a trajetória perfeita para a vitória. Nem precisamos discutir se gerava resultado, né? Em onze anos de história, foram 161 corridas, oitenta pódios, 41 vitórias e três títulos mundiais.

Ter visão de futuro é fundamental para um esportista, para um empresário e até mesmo para indivíduo comum.

As contas a pagar e a receber da empresa são as previsões mais tangíveis que o gestor pode ter. E ainda possui vantagens para outros fins. Um deles é o DRE.

O registro de contas a pagar e contas a receber pode ser uma mão na roda (não tive intenção de vincular com carros de corrida) para montar o seu próprio DRE.

Você pode categorizar essas despesas e receitas dentro de um plano de contas e depois usar a soma de cada categoria desse plano para elaborar seu DRE.

Um exemplo de plano de contas básicos seria:

1	Receitas
2	Custos variáveis
2.1	Mercadorias vendidas
2.2	Impostos sobre vendas
2. ...	...
3	Custos fixos
3.1	Custo de ocupação
3.2	Mão de obra
3. ...	...

4. OPERAÇÃO

Notem o seguinte: se adicionarmos uma linha ao final do plano de contas e a chamarmos de lucro operacional, teremos um esboço de um DRE.

Alguns contadores vão ficar muito chateados nesse momento, pois estamos ferindo muitos princípios contábeis nessa sugestão de plano de contas e nessa abordagem simplificada de DRE. Infelizmente, nada podemos fazer. Esse modo é mais funcional e mais flexível.

Afinal, mais vale uma bagunça lucrativa do que um prejuízo organizado. Esse é o lema!

Se você achou esse formato interessante, experimente fazer um DRE para sua vida pessoal. A premissa é a mesma, desde uma pessoa física até uma megaempresa com faturamento milionário. O que muda é a quantidade de contas, bem como a organização delas nas categorias de custo.

Chegou a hora de tomar decisões

Construímos um grande enredo para chegar até esse ponto. Precisamos fazer uma pequena pausa e olhar para o retrovisor. É rápido e importante, pode confiar.

Iniciamos a matriz Operação falando sobre as pessoas. Além de comporem uma fatia relevante dentro das empresas, são os recursos humanos que injetam intelectualidade na nossa máquina de resolver problemas. Por isso, é imprescindível conhecer o processo básico de RH e ajudar cada membro a minimizar suas infelicidades, direcionando-os para remediar suas necessidades.

Em seguida, entramos na condução do negócio, apresentando os modelos mais comuns de gestão. Basicamente, mostramos formas diferentes de educar o seu filho (a sua empresa) e garantir que ele atinja sucesso profissional (resultado).

Alertamos que controle é algo fundamental para qualquer empresa. Contudo, controles excessivos podem ser prejudiciais. Temos que nos debruçar sobre aquilo que realmente importa, controlando apenas o essencial.

99

CRIANDO EXPERIÊNCIAS LUCRATIVAS

Falando de coisas essenciais, precisamos falar de custos. Esse é o ponto de partida quando pensamos em monitoramento. Aqui, o principal segredo foi categorizar os custos em um plano de contas e entender a diferença entre custos fixos e custos variáveis. Essas mesmas categorias de contas, quando sintetizadas, permitirão a elaboração de um DRE, que será o medidor principal do desempenho da empresa.

Agora podemos tomar decisões.

Indicador-chave de performance (KPI)

Ter um DRE em mãos e não saber o que fazer com ele também pode ser enquadrado numa daquelas situações angustiantes. Assim como montar é fácil (pelo menos tentamos fazer parecer fácil), analisar é um processo bem intuitivo.

O primeiro passo é entender o conceito de KPI. Os *Key Performance Indicators* (KPIs), traduzidos como indicadores-chave de desempenho, podem ser aplicados em várias áreas da empresa, desde o setor comercial até a mensuração do nível de endividamento do negócio.

Portanto, indicadores representam tudo aquilo que pode ser medido na empresa. E indicadores-chave são aqueles que realmente importam, que precisam ser medidos.

É difícil escolher os KPIs a serem trabalhados, mas vamos tentar direcionar. Lembrando que o primeiro passo é não se tornar um obcecado por indicadores e começar a controlar tudo para analisar nada. Temos que ser criteriosos.

Vamos refletir novamente sobre o Senna, nosso tricampeão mundial. Se ele tinha todas as informações de que precisava no painel do próprio carro, como ele poderia traçar indicadores-chave de performance?

É simples: comparando seu desempenho em provas anteriores ou comparando-o com o desempenho de seus adversários. E esse é o conceito central da formulação de KPIs: a comparação.

Vamos deixar esse assunto mais interessante com a seguinte pergunta: Quem foi melhor, Ayrton Senna ou Alain Prost?

100

4. OPERAÇÃO

Poderíamos até comparar Senna com Michael Schumacher; no entanto, eles só foram oponentes diretos por quatro anos, enquanto Prost esteve presente nas disputas com Senna durante dez temporadas (de 1984 a 1993). Essa é a primeira regra de estruturação de KPIs, ou seja, comparar bases similares.

Vamos criar nossos próprios KPIs para tentar verificar quem é o melhor piloto?

Para começar, teremos que definir o que é realmente importante na avaliação de um piloto. A seleção de KPIs é um processo sem regras engessadas, que pode variar de empresa para empresa, de gestor para gestor.

Na nossa disputa de melhor piloto, podemos criar e comparar vários indicadores, como quantidade de *pole positions*, quantidade de pódios, número de vitórias, de conquistas de campeonatos mundiais, entre outros. Mas quais desses indicadores merecem ser tratados como indicadores-chave de desempenho? Em outras palavras, quais KPIs precisam ser monitorados para definir o melhor piloto?

Como é um processo livre, nós vamos traçar nossa visão, e você poderá traçar a sua própria análise.

	SENNA		PROST	
GPs disputados	162	Índice de aproveitamento sobre GPs disputados	202	Índice de aproveitamento sobre GPs disputados
A. Largadas confirmadas	161	99,4%	199	98,5%
B. Vitórias	41	25,3%	51	25,2%
C. Pódios	80	49,4%	106	52,5%
Campeonatos disputados	11	Índice de aproveitamento de títulos disputados	14	Índice de aproveitamento de títulos disputados
D. Títulos mundiais	3	27,3%	4	28,6%

CRIANDO EXPERIÊNCIAS LUCRATIVAS

Na tabela, estão os indicadores que escolhemos para serem os KPIs.

Ao compará-los, veremos que todos são muito semelhantes entre os dois pilotos. Sinceramente, não conseguimos identificar um KPI mais importante que o outro para desempatar essa disputa. Mesmo se fôssemos contabilizar quantos KPIs cada um "venceu", daria novo empate, pois Senna foi melhor em dois, e Prost foi melhor em outros dois.

Não elencamos o indicador "quantidade de *pole positions*" como um indicador-chave; mas, apenas por curiosidade, Senna possui um índice de 40,1% de *pole positions* nos GPs disputados, contra 16,3% de Prost. Consideramos que largar em primeiro lugar no GP não significa garantia de resultado. Mas, cá entre nós, mostra quem realmente sabia dominar um carro de Fórmula 1...

Tire suas conclusões.

KPIs de custos

Retomando nosso plano de contas, podemos estabelecer uma relação entre o valor total de cada categoria e a receita da empresa. Se dividirmos o valor total de uma categoria pela receita do mesmo período, identificaremos a representatividade dessa conta no plano. Para essa relação, podemos atribuir KPIs.

Esse percentual encontrado nessa relação entre despesas e receitas também é conhecido por análise vertical, mas acho que podemos esquecer esse termo.

Continuando. Definir um KPI não é traçar uma meta. A meta é um objetivo futuro, um plano, um destino. O KPI é um limite atrelado ao presente. O KPI não é uma tentativa, é uma definição.

Como vimos no *case* ilustrativo sobre automobilismo, eles podem ser criados livremente, utilizando histórico da própria empresa e demonstrativos de empresas similares.

No caso de uma rede de postos de gasolina, por exemplo, o custo do insumo principal (custo do produto vendido, ou CPV) representa cerca de 85% da receita. Essa informação pode ser extraída em qualquer pesquisa no Google. Se após constatarmos que essa informação é verdadeira e se aplica ao seu modelo de negócios, podemos instituir esse KPI.

Se os seus postos estão atuando entre 88% e 90%, pode ser um sinal de que você esteja fazendo algo errado ou deixando de fazer algo certo. Busque entender seu produto novamente, reavaliando seu posicionamento de preço, seu valor percebido (atributos) e sua margem. Só assim você conseguirá mexer no custo do produto vendido e na sua representatividade sobre a receita.

Outro exemplo é o KPI de mão de obra para o varejo, mais especificamente nos segmentos de vestuário, calçados e acessórios. A mão de obra nesse tipo de varejo deveria representar entre 6% e 7% da receita. Se você não está atingindo isso nas suas lojas – de calçados, por exemplo –, está fora dos parâmetros do mercado. É hora de repensar o seu quadro de atendentes, repositores e operadores de caixa.

Mas lembre-se de que não estamos falando de metas. O KPI é um indicador pra se atingir no DRE do próximo mês, quase imediatamente.

É, voltamos ao DRE, pois é a forma mais rápida e organizada de controlar os KPIs de custos. Com uma coluna adicional você terá isso:

(+)	Receitas	KPI
(-)	Custos variáveis	55%
	Mercadorias vendidas	40%
	Impostos sobre vendas	11%
	...	
(-)	Custos fixos	30%
	Custo de ocupação	10%
	Mão de obra	15%
	...	

Estamos focando em custos, mas você já deve ter entendido que indicadores permeiam todos os setores e processos de uma empresa. Cabe a você

CRIANDO EXPERIÊNCIAS LUCRATIVAS

identificar quais podem interferir significativamente no resultado da empresa e partir para a criação de KPIs para eles.

Gestão por KPIs

Entendidos o conceito e a aplicação, finalmente vamos utilizar KPIs para monitorar a empresa e corrigir possíveis desvios.

Identificar desvios tornou-se uma tarefa mais fácil, pois você já tem os KPIs definidos. Então, basta comparar os índices daquele período com o KPIs, ou seja, com o valor ideal.

Talvez você tenha maior facilidade de assimilar indicadores aos custos variáveis. E isso é muito comum.

Obviamente, ao pensar no CPV de uma cervejaria, conseguimos enxergar claramente uma garrafa com tampa, rótulo, malte, cevada e água. Se a cada unidade de produto esses insumos somam 3 reais e o preço de venda dessa mesma unidade é de 10 reais, podemos concluir que o CPV dessa cervejaria é de 30%.

Dificilmente esse indicador de 30% vai se alterar em outros volumes de venda, sem que haja uma mudança na formulação do custo ou no reposicionamento do preço. Então, com faturamento de 1 milhão de reais, o CPV será 300 mil reais, e, com faturamento de 500 mil reais, será 150 mil reais. Em ambos os casos, um CPV de 30%.

O mesmo vale para impostos sobre a receita, taxas de transações de venda, comissões sobre vendas etc.

No entanto, quando pensamos num custo fixo, a lógica não é igual. Mas vamos lhe mostrar que, com o uso de KPIs, podemos atuar de modo similar e agir nos fixos como agimos nos variáveis.

Vamos pensar no custo de ocupação. Aliás, essa é uma categoria recomendada no seu plano de contas, pois representa o gasto total com seu espaço físico, como aluguel, IPTU, condomínio e taxas imobiliárias.

4. OPERAÇÃO

Com algumas pesquisas você descobrirá que o KPI para o custo de ocupação de varejo de shopping é 10% (o custo de ocupação em relação ao faturamento da empresa). Também verá que esse KPI, para a maioria das indústrias, é de 2%.

Ao conquistar crescimento de receita, esse indicador de custo de ocupação será reduzido e, ao ser comparado com seu KPI, permitirá uma ampliação de espaço físico, com direito a aumento de custo, para acompanhar o crescimento dessa nova demanda. Por outro lado, se o indicador for maior que o KPI, acenderá uma luz de alerta para você revisar seu contrato de aluguel ou até mesmo reduzir o tamanho do imóvel que seu negócio ocupa.

Esses dois exemplos serviram apenas para retomarmos os dois pontos principais do nosso DRE: o lucro bruto e o lucro operacional.

Ao determinar seus KPIs para os custos variáveis, você automaticamente definirá um KPI para o lucro bruto.

E, ao aplicar seus KPIs aos custos fixos, por consequência terá definido o KPI do seu lucro operacional.

(+)	Receitas	KPI
(-)	Custos variáveis	40%
	Mercadorias vendidas	30%
	Impostos sobre vendas	10%
	...	
=	LUCRO BRUTO	60%
(-)	Custos fixos	45%
	Custo de ocupação	10%
	Mão de obra	35%
	...	
=	LUCRO OPERACIONAL	15%

Perceba como sua gestão pode ser tornar muito mais rápida e funcional com seus indicadores-chave de desempenho.

Encontrando os defeitos

Quando você finalizar seu DRE, não terá que atirar para todo lado e tentar cortar custos sem critério. Por que sacrificar salários se o problema está no CPV? Por que reduzir a qualidade dos insumos se o problema está no custo de ocupação? Enfim, esse é objetivo de definir KPIs.

E temos um grande macete para fortalecer ainda mais sua tomada de decisão. Voltando às duas matrizes – Produto e Operação –, podemos dizer que, se os desvios se encontram nos KPIs de custos variáveis, existe uma enorme chance de o problema estar na matriz Produto. Mas, se os KPIs incompatíveis forem relacionados aos custos fixos, a probabilidade será maior de encontrar um problema na operação.

A cada nível que você aprofundar nas contas do seu DRE, chegará mais perto de identificar o "defeito" e traçar soluções. Lembrando que traçar soluções não significa correr atrás de um KPI.

Se você confia no KPI traçado, descubra as causas que estão impedindo sua empresa de atingir os resultados planejados. Foque na origem, crie um plano de correção e monitore para conferir sua performance. Quando o caso for complexo e os resultados não conseguirem atingir os KPIs, tente criar novos KPIs dentro desse departamento.

Outros KPIs podem tornar seu negócio muito mais gerenciável e rápido na tomada de decisão.

Podemos citar alguns deles comuns ao departamento comercial: *ticket* médio, receita por dia útil, receita por metro quadrado, receita por funcionário, taxa de captação de clientes, taxa de conversão de vendas etc.

Alguns relacionados à mão de obra: taxa de absenteísmo, *turnover*, salário médio por funcionário etc.

Também podemos adentrar nos investimentos e financiamentos: nível de endividamento sobre a receita, *payback*, retorno sobre investimento etc.

4. OPERAÇÃO

Com um produto perfeito e uma máquina resolvendo problemas, você já pode se considerar um excelente engenheiro de marketing. A consequência de tudo que foi visto até aqui será o lucro.

Tecnicamente chamado de lucro operacional, é essa medida de desempenho que dirá se você está fazendo as coisas certas, da forma certa.

Descobriremos o que fazer com esse lucro no próximo capítulo: a matriz Liquidez.

Vamos adiante!

5.
LIQUIDEZ

O NASCIMENTO DO LUCRO

Até aqui, se os financistas, estatísticos e superlógicos ainda não abandonaram este livro, eles devem estar achando uma peça do Dalai-lama. Muito amor e pouca ação.

Alguns amigos, quando ouvem essas teorias de resolução de problema social, acham um saco. Gente antenada, que se senta com seus consultores da XP Investimentos, é taticamente qualificada para examinar os números de uma empresa com o detalhe e a minúcia de um cirurgião.

Deve ser complicado ler sobre tantas reflexões mercadológicas antes de entrar, de fato, no assunto *money*.

Sabemos que o lucro é o objetivo das empresas. Até mesmo aquelas sem fins lucrativos precisam operar positivamente para manter-se vivas, com reinvestimentos e melhorias. Assim, lucrar é fundamental; o que fazer com o lucro pode ser opcional.

A verdade é que temos certeza de que o que torna uma empresa lucrativa está desta linha pra trás. Mas, para os céticos, talvez só fique interessante agora na parte mais chata.

Pense bem, se você conseguiu inserir um produto perfeitamente encaixado no mercado e conseguiu desenvolver uma operação enxuta e eficaz, você já lucrou. Já lhe ensinamos a gerar lucro. Daqui pra frente, você precisa interpretá-lo e saber direcionar a ele o melhor destino, para que sua pessoa jurídica se capacite a crescer de modo saudável e tenha vida longa no mercado.

E os destinos do lucro são três. Com o lucro, você pode investir, sanar dívidas e ainda remunerar sócios. Para montar uma composição eficiente entre esses três pilares, é preciso entender alguns conceitos do universo das finanças, como fluxo de caixa livre, prazos, financiamentos, amortizações etc.

109

CRIANDO EXPERIÊNCIAS LUCRATIVAS

Por consequência, tudo que não for destinado será retido.

Esta é a matriz Liquidez, que começa agora.

Liquidez. Não tinha um nome melhor? Até tinha, mas, já que é para ser técnico, chato e financista, esse termo é ótimo. Vamos falar de liquidez.

Liquidez, em contabilidade, pode ser definida como a velocidade e a facilidade com a qual um ativo circulante pode ser convertido em caixa. Mas esse conceito é muito chato, não é? Vamos deixar isso mais interessante.

Entendemos por líquido tudo aquilo que permite ser transformado rapidamente em dinheiro, ou seja, uma empresa líquida é aquela que possui recursos disponíveis para utilização imediata e ainda continua gerando novos recursos. Enxergando dessa forma, pode parecer que liquidez é sempre uma coisa boa. Mas e se alguém disser que o contrário de liquidez é rentabilidade? Você optaria por mais liquidez ou mais rentabilidade?

A resposta não é simples, pois depende de muitos fatores e das particularidades de cada negócio. Mas encontrar essa resposta é mais fácil do que você imagina. Vamos lá!

A BALANÇA "LIQUIDEZ × RENTABILIDADE"

Se o conceito de líquido se relaciona à disponibilidade, o conceito de rentável é algo no sentido de retido, bloqueado, ou melhor, imobilizado. Acontece que esse jogo é estabelecido por uma balança de dois pratos inversos; portanto, não é permitido apostar em liquidez e rentabilidade ao mesmo tempo. Um lado anula o outro. Decisões erradas nessa balança impactam profundamente o presente e o futuro do negócio.

5. LIQUIDEZ

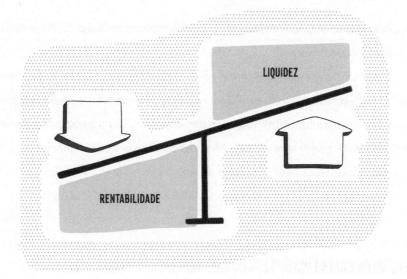

Um exemplo bastante comum é a aquisição do imóvel sede da empresa. Erroneamente, para muitos, a decisão de comprar o imóvel (em vez de pagar o aluguel) parece óbvia. Vemos isso ser tomado como um sonho por vários empresários.

Uma compra imobiliária aumenta o patrimônio da empresa, mas, em quaisquer circunstâncias, reduz a liquidez dessa mesma empresa. Veja bem, se o desembolso mensal com um aluguel fosse idêntico ao desembolso mensal para adquirir esse mesmo imóvel, todas as pessoas do mundo comprariam seus imóveis e ninguém optaria pelo aluguel.

Mas isso quer dizer que comprar seja um mau negócio? Claro que não. Nesse exemplo imobiliário, a compra é uma aposta em rentabilidade, que aumenta o patrimônio e, consequentemente, reduz a liquidez. Já o aluguel, nesse caso, seria uma aposta em maior liquidez, mantendo maior capital em caixa que, como resultado, não gera rentabilidade direta para a empresa.

Para a maioria das pessoas, pode parecer evidente que apostar na rentabilidade é melhor, depois de conhecer esses novos conceitos. Entendemos isso e vemos clientes, amigos e familiares seguindo cegamente essa falsa

CRIANDO EXPERIÊNCIAS LUCRATIVAS

impressão e se arrependendo profundamente após escolher o caminho sacrificante da rentabilidade.

Existe uma condição que ainda não mencionamos, mas que muda completamente a interpretação dos fatos: não existe possibilidade de ser rentável sem antes ser líquido. Mas, logicamente, é possível ser líquido antes de ser rentável. Aplicando de maneira prática: só dá para aplicar o dinheiro depois que você realmente tiver o dinheiro.

Se você ficou curioso, vamos tentar melhorar essa explicação a seguir.

FLUXO DE CAIXA LIVRE: O LUCRO QUE REALMENTE EXISTE

Retomando nosso exemplo da compra do imóvel, só existirá compra se houver dinheiro. Vamos esquecer essa mania brasileira de tentar seguir o sonho americano em busca de imóveis próprios; essa história de sonho da casa própria não apareceu do nada nem é uma mensagem divina. Na verdade, trata-se de uma perfeita estratégia de comunicação do mercado imobiliário, repleto de oferta, somado a uma grande flexibilização de acesso ao crédito facilitado para aquisição de imóveis em um momento de pseudoabundância econômica. Sair do aluguel e comprar o seu pedaço de terra virou quase uma obrigação. Quase uma libertação.

Se você se deparar com essa situação, reflita sobre duas perguntas. O aluguel atual está muito acima dos valores-padrão (KPI) do seu segmento? Sua empresa possui excesso de liquidez que lhe permita investir nessa tal libertação do aluguel?

Se as duas respostas forem "sim", a aquisição tem grandes chances de ser a melhor escolha para sua empresa. Contudo, se uma das respostas for "não", não há por que direcionar seus planos para esse desafio. Lembre-se de que precisamos resolver problemas, não criar problemas.

Vamos considerar que as duas respostas anteriores sejam "sim". Nesse caso, a compra é uma boa escolha. Ainda assim, antes de realizá-la, é preciso entender o conceito de fluxo de caixa de livre (FCL).

O nome já é bem claro: fluxo de caixa são recursos futuros, e livre, nesse caso, significa disponíveis. Então, a nova pergunta será: "Meus recursos futuros estão disponíveis para esse projeto?". E mais: "De todas as minhas possiblidades, esse é realmente o melhor investimento?".

Nesse ponto, precisaremos voltar rapidamente ao DRG, mais precisamente ao lucro operacional, também chamado de Ebitda neste livro. Além de toda a importância relacionada ao desempenho, esse indicador também pode ser um número mágico nas decisões que envolvem liquidez e rentabilidade da empresa.

O lucro operacional é o resultado remanescente da operação, ou seja, tudo que sobrou após executar o objetivo principal da empresa. É esse lucro que vai nos dizer se o fluxo de caixa é livre ou não.

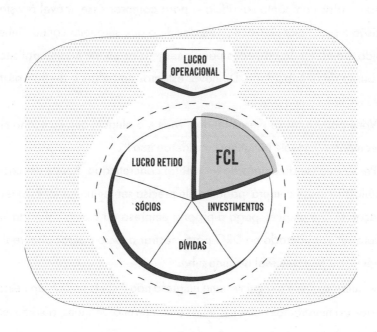

CRIANDO EXPERIÊNCIAS LUCRATIVAS

Cabe ainda, nesse momento, definir um conceito muito utilizado em materiais jornalísticos sobre negócios: Opex e Capex.

De maneira bem simplificada, o *Operational Expenditure* (Opex) está relacionado a todas as despesas e custos operacionais. Assim, Opex é tudo aquilo que se movimenta antes do lucro operacional, essencial para manter a empresa em funcionamento.

Por outro lado, o *Capital Expenditure* (Capex) se relaciona com o custo de capital, ou seja, está ligado às despesas não operacionais. Dessa forma, Capex é tudo aquilo que acontece depois do lucro operacional, independentemente de estar ligado a dívidas, equipamentos, veículos, recursos para expansão etc.

Vamos supor que o lucro operacional mensal da sua empresa seja 10 mil reais. E que o financiamento do imóvel a ser comprado possua uma prestação mensal de 15 mil reais. Essa análise é bem fácil. Não cabe no fluxo, pois o resultado Opex da empresa não permite arcar com os gastos Capex desejados.

Mas, se você quiser desembolsar um dinheiro guardado – suas reservas conquistadas com tanto sacrifício – para comprar esse imóvel à vista, a decisão é sua. Somente você pode decidir o que será feito com o dinheiro líquido, ponderando provisões para emergências ou até mesmo aplicação em busca de rentabilidade. De novo, estamos na balança de dois pratos, onde um lado anula o outro.

Você pode estar se perguntando: "Mas e o aluguel que eu economizei ao comprar o imóvel? Ninguém considerou isso?".

Pense que, se a compra do imóvel foi concretizada, houve um capital imobilizado nessa compra, portanto ele precisa ser remunerado. Essa remuneração será o aluguel, pago à própria empresa ou a uma coligada, que deverá ser considerado no DRG para mostrar o lucro operacional real do negócio, ou seja, seu real desempenho.

A questão aqui é a seguinte: uma empresa não é como nossa vida pessoal, em que administramos nossos ganhos e compramos viagens, automóveis e

5. LIQUIDEZ

casas. Os patamares são infinitamente maiores, e qualquer deslize pode criar um problema que antes não existia.

Falamos de uma compra imobiliária, por ser uma situação comum em nossa vida. Mas considero importante ampliar essa visão e mostrar outros casos.

Vamos pensar na compra de um equipamento que aumenta a produtividade da empresa e ainda reduz duas dúzias de funcionários. A redução de funcionários reduzirá a despesa com mão de obra; portanto, podemos comparar essa despesa com o "aluguel pago" do exemplo anterior. O equipamento aumenta a produtividade; portanto, tem grandes chances de aumentar a lucratividade. Essa lucratividade extra pode ser comparada ao "aluguel recebido". E, por fim, o desembolso para adquirir o equipamento pode ser igualado ao imóvel.

Dessa forma, a decisão por comprar esse equipamento deverá respeitar os mesmos princípios de liquidez e rentabilidade, adquirindo-o somente se houver liquidez e você estiver seguro de que pode comprometer parte dessa liquidez em busca de rentabilidade.

Falamos duas palavras muito parecidas nesses últimos parágrafos – rentabilidade e lucratividade –, que, apesar de serem confundidas por muitas pessoas, são bem diferentes.

Lucratividade é o índice de lucro. Rentabilidade é o índice de renda. O lucro é aquele do DRG, apurado pela diferença entre receitas e despesas.

A rentabilidade, por sua vez, é o rendimento gerado por decisões de imobilizar recursos líquidos.

Você vai reparar, conforme avançamos, que o aumento de lucratividade tende a aumentar a liquidez e o aumento da rentabilidade pende a uma redução da liquidez. Comprar um imóvel pode ser algo rentável, mas será menos lucrativo do que alugar, considerando um momento único para as duas decisões. Mas, vale relembrar, para ser rentável, antes você precisará ser líquido.

LUCRATIVIDADE
É O ÍNDICE DE LUCRO.

RENTABILIDADE
É O ÍNDICE DE RENDA.

Está convencido? Tomara que sim! Mas precisamos conversar agora sobre o "prazo".

PRAZO: CADA COISA NO SEU TEMPO

Na maioria das vezes, as decisões voltadas para aumento de rentabilidade são cunhadas em estratégias de longo prazo, enquanto as decisões de liquidez normalmente têm um viés de curto prazo.

Ninguém compra um equipamento e desembolsa uma fortuna esperando um resultado de curto prazo. Da mesma forma, ninguém aposta em liquidez para sempre e fica acumulando dinheiro em caixa sem algumas decisões de rentabilidade.

Olha a balança aí de novo. É preciso buscar o equilíbrio, mas, como já deu pra perceber, não é um cálculo 50%–50%. É algo complexo, que varia de empresa para empresa.

Basicamente, devemos começar entendendo o prazo de utilização do recurso, para depois definir o comprometimento de liquidez e o grau de rentabilidade esperado. Se aquele equipamento, por exemplo, for algo que possua vida útil de dez anos e que você estima não sofrer obsolescência nesse período, você poderá combinar liquidez e rentabilidade para tomar a melhor decisão.

Identificada a real necessidade e aplicabilidade do equipamento, você poderá criar um plano para adquiri-lo.

Se sua empresa está exageradamente líquida, com recursos de caixa acima do normal (já considerando emergências e futuras demandas), compre seu equipamento! E compre à vista, se houver um bom desconto, pois essa é uma decisão que valerá por dez anos e você enxerga rentabilidade nela!

Mas, se não há recursos disponíveis agora, porém você realmente precisa do equipamento, vamos tentar balancear a liquidez com a rentabilidade.

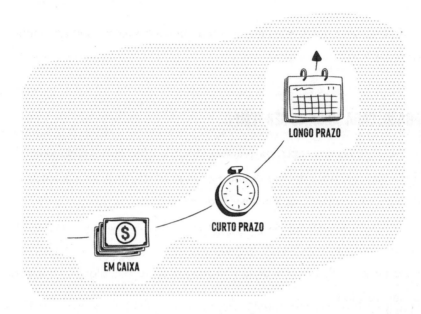

Ao analisar o fluxo de caixa livre, existe folga para assumir o desembolso mensal do financiamento? Esse novo compromisso vai comprometer todo o FCL? Existe possibilidade de alongar ainda mais o prazo para sobrar mais espaço no FCL?

Essas questões precisam ser estudadas antes de concluir a compra, pois trata-se de um projeto de dez anos, tá lembrado? Você não vai comprar apenas esse equipamento nos próximos dez anos, pode acreditar.

E você ainda poderá se deparar com inúmeras outras oportunidades, até a compra do imóvel sede da sua empresa. Nunca se sabe, não é?

COMPRAR À VISTA OU FINANCIAR?

Sabe aquela matemática financeira complicada que você não aprendeu? O que acha de eliminar esse monstro da sua vida e entender o que realmente importa? Essa é a proposta!

5. LIQUIDEZ

Teorias detalhadas aqui não ajudarão; portanto, vamos resumir o máximo possível e até criar alguns apelidos para nossos queridos componentes equacionais.

Precisamos de um exemplo, e, como está fresco em nossa mente, nós vamos comprar um imóvel. Finalmente, chegou o dia dessa compra! Mas vamos comprar utilizando um financiamento, pois estamos pouco líquidos (com pouco dinheiro em caixa). Por outro lado, nosso fluxo de caixa está livre e confortável pela frente.

O valor atual do imóvel será chamado de capital. O desembolso mensal será a prestação mensal total, ou simplesmente PMT. A quantidade de meses do financiamento será o prazo. A soma de todas as prestações pagas ao final do prazo será o montante. Os juros serão a diferença entre capital e montante, ou seja, aquilo que foi aumentado no custo de aquisição. E cabe ainda uma taxa mensal, que será cobrada pelo financiador para remunerar o capital emprestado ao longo do prazo. Lembrando que, quando o prazo e a prestação são tratados em anos, a taxa será anual, ou seja, sempre deverá ser convertida ao mesmo parâmetro.

Dados os nomes aos bois, vamos quantificá-los. O capital será 1 milhão de reais; o prazo será sessenta meses; a taxa mensal será 1%; e a prestação (PMT) será 22.244,45 reais. Com esses dados, você já consegue calcular o montante, multiplicando a PMT pelo prazo, o que gera 1.334.666,86 reais.

Nesse momento, você arranca os cabelos e diz: "Eu vou pagar 335 mil reais de juros?". A resposta é SIM. Esse é o custo da falta de liquidez, ou seja, o custo da rentabilidade futura. Juros são uma coisa muito comum no mundo empresarial, e empresário de verdade sabe interpretar isso da forma correta.

Suponhamos que, ao simular o financiamento e encontrar a prestação (PMT) de 22.244,45 reais, você se surpreendeu negativamente diante do

119

CRIANDO EXPERIÊNCIAS LUCRATIVAS

seu FCL mensal, de apenas 30 mil reais. Você, como é extremamente responsável, não acha seguro comprometer quase 80% do FCL com a compra do imóvel.

Você vai desistir do seu projeto? Claro que não.

Não sei se você já juntou nossos queridos componentes e percebeu que isso é realmente é uma equação: montante é igual ao capital multiplicado pela soma entre um e a taxa, elevada à potência equivalente ao prazo.

Nossa, por que isso foi dito? Estragamos nosso bom relacionamento e soltamos uma fórmula chata. Desculpe, escapou.

Mas temos que comprovar alguns argumentos, e, dessa vez, foi preciso, para lhe mostrar que, quanto mais alongarmos o prazo a uma mesma taxa, menor será a PMT, ou seja, menor será a prestação mensal total.

Hum, reduzir PMT parece uma tentação, não é?

Mas com essa mesma equação chata é possível concluir que, quanto mais reduzirmos a PMT usando alongamento do prazo, maiores serão os juros pagos.

É, olha quem voltou: a liquidez e a rentabilidade. Se você quer aumentar a liquidez do seu FCL reduzindo o desembolso gerado pela PMT, vai proporcionalmente reduzir a sua rentabilidade nessa operação, pois você vai pagar mais juros.

Vamos recalcular para um prazo de 120 meses, para melhorar nosso exemplo. Considerando o mesmo capital e a mesma taxa mensal, a nova PMT será 14.347,09 reais. O montante desse financiamento será 1.721.651,38 reais, o que resulta em juros totais de 721.651,38 reais.

É isso mesmo. Você comprará um imóvel e pagará quase dois imóveis.

Mas tem o lado bom. Agora, a PMT é apenas 50% do seu FCL e você tem mais segurança para assumi-la por dez anos, sem comprometer a execução de novos planos da empresa.

5. LIQUIDEZ

Mas vamos recordar aqui o que dissemos há menos de dez minutos: esse plano de financiar o imóvel só está sendo executado porque ele venceu várias barreiras antes de chegarmos aqui.

Um pequeno resumo, para facilitar: você realmente precisa do imóvel para solucionar um problema; sua empresa não tem recursos necessários para comprar o imóvel à vista; e você identificou um FCL confortável para pensar nisso. Esse resumo foi pra você focar na pergunta inicial: "Eu realmente preciso e posso comprar esse imóvel?". Se estiver seguro do seu SIM, siga em frente, compre-o. "Mas e os juros absurdos?"

Não há juros absurdos quando o equilíbrio entre liquidez e rentabilidade foi devidamente analisado e o fluxo de caixa livre permite a realização do projeto. Na verdade, concentre-se nisso e esqueça o montante! Senão, você nunca vai tirar seus planos do papel.

Se você se interessou pelos conceitos matemáticos que tentamos evitar, entre de cabeça no próximo assunto: o medo dos juros.

Mas, se essa não é a sua praia, pode passar direto para o assunto "O que fazer com o lucro". É sério, se você pular, não comprometerá o entendimento dos próximos capítulos.

O MEDO DOS JUROS

Empresário de verdade não foge da luta! Se você decidiu se aprofundar nesse tema, é porque considera isso importante para sua vida e para a vida da sua empresa. Vou tentar ser técnico, sem ser maçante.

Você deve ter reparado que no nosso exemplo anterior as prestações mensais do financiamento eram fixas, ou seja, você pagaria o mesmo valor todos os meses. Alguns financiamentos possuem esse formato, e, quando isso acontece, dizemos que foi utilizado o método tabela Price.

121

CRIANDO EXPERIÊNCIAS LUCRATIVAS

Mas tenho certeza de que você já se deparou com simulações de financiamento com prestações mensais decrescentes. Esse é o Sistema de Amortização Constante (SAC).

Um outro formato praticado no mercado é o pagamento único. Neste, o capital é contraído no primeiro mês e só devolvido no último mês do contrato, adicionado dos juros. Não há pagamento algum no decorrer do prazo, somente no final.

Por último, há o sistema de pagamento americano, em que os juros são pagos mensalmente e o capital é devolvido em pagamento único, no final do contrato. É similar ao pagamento único, porém com juros intermediários, mensais, trimestrais, anuais, de acordo com cada contrato.

Apresentadas as formas de amortização, precisamos saber o que é amortização, concorda? Saltei esse conceito de propósito, para juntarmos tudo aqui.

Amortizar significa devolver o capital.

Mas lembre-se de que existe uma diferença entre o capital e o montante, chamada de juro.

Com isso, na composição de uma PMT, não existe somente devolução de capital, senão o valor inicial seria igual ao valor final. A PMT é formada por dois valores: principal e juro. Essa diferença nos termos "capital" e "principal" é importante, mesmo que você pense que se trata da mesma coisa. O capital é o valor contraído no financiamento, e o principal é uma parte do capital devolvida dentro da PMT ao financiador. Portanto, a soma de todos os principais precisa ser igual ao capital, assim como a soma de todas as PMTs precisa ser igual ao montante.

Essas definições de sistemas de amortização são importantes para você escolher o sistema, se essa escolha for permitida a você. Nem todos os financiamentos permitem escolher o sistema, mas você pode escolher entre

122

opções de financiamento disponíveis qual é a mais adequada para executar seu projeto.

O SAC, por exemplo, faz o contratante pagar a maior parte dos juros nas primeiras prestações e amortiza constantemente o capital, tornando-se, assim, o sistema mais rentável. Considerando as mesmas condições de taxa e prazo, o SAC será aquele que gerará menor valor de juros. Para um financiamento de 100 mil reais em 24 meses, a uma taxa mensal de 1%, teríamos juros totais de 11.500,00 reais.

Mas, como você já está *expert* na balança liquidez × rentabilidade, já pensou rapidamente e concluiu que, para ser rentável, ele o deixará menos líquido. Isso significa que uma prestação mais alta no início comprometerá seu FCL.

Seguindo a ordem de menor pagamento de juros, vem a opção Price. As prestações fixas fazem com que a amortização seja deixada para as últimas prestações, o que, consequentemente, onera o contratante em juros maiores. Para o mesmo financiamento de 100 mil reais, via tabela Price, teríamos juros totais de 12.976,33 reais.

Em terceiro lugar, empatam o pagamento único e o sistema americano, pois os juros totais computados em 24 meses, a uma taxa mensal de 1%, seriam 24 mil reais. Porém, o pagamento único possui uma leve vantagem, pois não exige o pagamento dos juros mensalmente (exige apenas no final do contrato). Isso gera uma folga temporária ao contratante e lhe dá a oportunidade de utilizar esse capital em outros projetos, durante 24 meses, ou até mesmo aplicando-o e recebendo rendimentos.

Como você já deve ter percebido, todos os assuntos precisarão sofrer a equalização entre liquidez e rentabilidade.

Acostume-se com isso e você tomará ótimas decisões na sua vida. Inclusive quando o assunto for o direcionamento que você dará para o lucro que vai para o seu bolso! Lucro no bolso... precisamos falar sobre isso.

CRIANDO EXPERIÊNCIAS LUCRATIVAS

O QUE FAZER COM O LUCRO?

Pense o seguinte: o fluxo de caixa será totalmente livre se a empresa não utilizar o lucro para reinvestir no negócio, aumentar rentabilidade, aumentar patrimônio, sanar empréstimos contraídos etc.

Mas, como você deve ter percebido, os exemplos que discutimos sobre comprar um imóvel e adquirir um equipamento utilizam o fluxo de caixa para pagar essas "compras". Assim, a cada utilização da parte livre desse fluxo, comprometemos sua disponibilidade, reduzindo o FCL.

Isso significa que estamos utilizando o lucro. Sim, se você optou por investir em equipamentos para ampliar sua produção ou seu atendimento, tomou uma decisão de como utilizar seu lucro. Se você decidiu trocar o aluguel pela aquisição do imóvel, também tomou uma decisão de uso do seu lucro. Se você determinou que está na hora de colocar em prática o seu plano de expansão, também estará lançando mão do seu lucro.

Utilizando reservas de capital (saldo de caixa), você está gastando lucros já conquistados. Utilizando financiamentos programados dentro do fluxo de caixa, você consumirá os lucros futuros. (Em ambos os casos, será necessário fazer a reflexão sobre liquidez e rentabilidade! Sempre!)

Mas vamos avançar.

Você só conseguirá utilizar seu lucro para três situações: 1) investir; 2) quitar dívidas; e 3) distribuir aos sócios.

Tudo o que não for utilizado será retido e aumentará a liquidez da empresa. Esse lucro retido poderá ser utilizado em momentos futuros, mas as finalidades serão sempre as mesmas: investimentos, dívidas e sócios.

Vamos dar alguns apelidos aos índices de lucratividade para facilitar o entendimento.

O lucro operacional já está devidamente apresentado. Para não esquecer, ele é o resultado da diferença entre receitas operacionais e despesas operacionais (Opex). Em outras palavras, ele mede o desempenho da operação.

O lucro líquido será apurado logo após deduzirmos todo o Capex da empresa. Relembrando, Capex são os gastos não operacionais da empresa relacionados à aquisição de bens, à resolução de dívidas, à execução de plano de expansão etc.

Por fim, o lucro retido (muito prazer!) será o valor remanescente após as distribuições de lucros aos sócios. Isto é, todo o valor restante após a conclusão de todas as saídas financeiras. Esse lucro poderá ser aplicado financeiramente para garantir rentabilidade, enquanto sua utilização final é aguardada. Não vamos detalhar isso aqui, pois nosso objetivo não é lucrar para investir leve, mas, sim, lucrar para investir pesado.

Vamos tentar expor de outra forma, invertendo os degraus.

A empresa apura o lucro operacional e decide o que será feito com esse lucro.

Após definir as utilizações e executá-las, tudo que sobrar será o lucro líquido.

Sob o lucro líquido, os sócios farão as distribuições de lucros.

Tudo o que sobrar será o lucro retido.

A cada utilização do lucro, o FCL será comprometido, por isso é extremante importante tomar as decisões certas em cada uma das três finalidades, definir regras, metas e KPIs.

REMUNERANDO OS SÓCIOS

Até agora não se falou nada sobre o seu salário. Você está aqui buscando conhecimento, com a cabeça fervendo de tanta de informação, cheio

CRIANDO EXPERIÊNCIAS LUCRATIVAS

de ideias para colocar em prática, pensando na trabalheira que terá para executar tudo isso...

E aí você pensa: "Espere, quanto eu vou ganhar depois disso tudo?".

Pró-labore

Originado do latim, pró-labore significa "pelo trabalho". Essa definição ajuda bastante a entender sua aplicação na prática.

Em termos gerais, o pró-labore é a remuneração do trabalho executado pelo sócio.

Dessa forma, se o sócio trabalha na empresa, ele tem direito ao pró-labore. No entanto, se algum sócio não tem um cargo real na empresa, ele não tem direito a essa remuneração.

A definição de valores de pró-labore é uma dúvida muito comum entre empresários de todos os ramos e portes. Realmente é difícil olhar no espelho e dizer "eu mereço ganhar esse valor".

Mas é aí que está o erro. Não existe merecimento. O pró-labore é um salário como qualquer outro e remunerará o sócio pelo trabalho desenvolvido dentro do negócio. A forma mais fácil de defini-lo é utilizar a mesma base de salários do mercado, tentando comparar com o mesmo segmento de negócio e as mesmas atribuições de cargo que você executa.

O pró-labore pode ser encarado como um item da matriz Operação ou da matriz Liquidez. Vai depender da forma que você se sentir mais confortável para enquadrá-lo.

Valores exagerados de pró-labore são um erro muito grave. Isso aumenta os compromissos fixos da empresa e gera ao sócio uma renda fixa que dificilmente poderá ser reduzida em caso de necessidade, como queda de vendas e/ou fusão com outras empresas.

Seja realista, determine um pró-labore justo e adequado. Deixe os ganhos de verdade para a distribuição de lucros.

126

Distribuição de lucros

Depois de tudo o que vimos sobre "fluxo de caixa livre" e "o que fazer com o lucro", espero que esteja bem desenhado de onde virá sua tão esperada distribuição de lucros.

Após arcar com todos os compromissos da empresa, você apurará o lucro líquido. É esse lucro que será distribuído aos sócios ou retido no caixa.

É importante alertar que toda empresa, seja indústria, comércio ou prestadora de serviço, tem uma necessidade de capital de giro. Com isso, o caixa flutua ao longo do mês e pode reduzir drasticamente em dias de alta concentração de despesas. Portanto, deixar uma reserva na empresa é fundamental para cobrir essa flutuação.

Outro motivo para pensar na retenção são os projetos futuros. Como visto no tópico "Comprar à vista ou financiar?", algumas coisas serão financiadas, mas outras serão executadas utilizando recursos do caixa, ou seja, recursos retidos.

Antes de fazer a próxima distribuição de lucro da sua empresa, reflita sobre isso que tratamos aqui. Relacione os projetos que você pretende executar e separe uma fatia pra eles. Observe o dia que sua empresa possui maior acúmulo de despesas e separe outra fatia para esse fim.

Depois disso, é encher o bolso de dinheiro e correr pro abraço.

Normalmente, recomendamos aos nossos clientes distribuir até 60% do lucro líquido, retendo 40%. É seguro e permite alçar voos com novos projetos, pois constrói-se uma reserva considerável ao longo dos anos.

Mas cuidado! Não antecipe lucros desorganizadamente e não retire mais do que sua empresa gera de lucro líquido. Se você não respeitar isso, você vai se endividar.

Não sei se é o caso, mas dê uma lida no próximo assunto: "Lutando com as dívidas".

CRIANDO EXPERIÊNCIAS LUCRATIVAS

LUTANDO COM AS DÍVIDAS

Talvez você não tenha notado, mas nós já começamos a lhe mostrar algumas técnicas de gestão de dívidas nas páginas anteriores. Quando falamos sobre tomar decisões com base no FCL, alongar prazos de financiamentos, escolher sistemas de amortização e definir o que fazer com o lucro, estávamos introduzindo a gestão de dívidas na sua mente.

Culturalmente, o termo "dívida" causa uma impressão negativa na maioria das pessoas. Precisamos desmistificar essa percepção.

Existem dívidas boas e dívidas ruins. Assim como existem vendas boas e vendas ruins. Tanto é que o título desse tópico é "Lutando com as dívidas" e não "Lutando contra as dívidas". Você precisa fazer com que elas joguem a seu favor, no seu time.

Então, o que seria uma "dívida boa"? É aquela dívida contraída com avaliação criteriosa da real necessidade; baseada na análise financeira sobre o FCL da empresa; com escolha de uma linha de financiamento com prazo adequado; levando-se em conta outras possíveis necessidades que a empresa poderá sofrer durante o prazo de pagamento dessa dívida.

Não tem mistério. Precisa do bem, tem fluxo livre, escolheu o financiamento adequado, avaliou os riscos relacionados a outras possíveis necessidades? Pronto, você já sabe criar uma "dívida boa"!

Mas o problema é: como resolver as dívidas ruins que foram contraídas ao longo dessa última década? Pois é, elas já existem e atormentam sua vida.

Calma, elas também têm solução! Agora, não vamos mentir: não é fácil.

Para encarar a gestão de dívidas de frente, você precisa estar realmente disposto, pois é cansativo, estressante e desmotivador. Mas a dívida está lá e precisa ser resolvida. Vamos ajudar você.

Passo 1: faça o levantamento da dívida

Antes de definir ações, você precisará fazer um levantamento completo das dívidas. Isso pode ser feito em tabela básica. Olhe este exemplo:

CREDOR	CAPITAL	TAXA (A.M.)	PRAZO TOTAL (meses)	PRAZO RESTANTE (meses)	PMT	SALDO DEVEDOR
				GLOBAL		

- ▶ Credor: identificação de quem emprestou ou financiou. Pode ser uma pessoa física, um banco, uma agência de crédito etc.;
- ▶ Capital: valor inicial, ou seja, o valor contratado;
- ▶ Taxa (A.M.): taxa de juros ao mês cobrada pelo credor;
- ▶ Prazo total: quantidade total de meses da dívida contratada;
- ▶ Prazo restante: quantidade de meses restantes para a quitação integral da dívida;
- ▶ PMT: prestação mensal total;
- ▶ Saldo devedor: para quem é conhecedor de matemática financeira, basta utilizar a calculadora HP

129

CRIANDO EXPERIÊNCIAS LUCRATIVAS

para apurar esse saldo. Mas, para quem não é da área, multiplique a quantidade de parcelas restantes pela PMT (esse não será o saldo devedor exato, mas servirá para tomar as decisões).

Se tiver dificuldade em encontrar os dados, consulte os contratos que você assinou, ligue para o credor, ligue para seu gerente do banco, consulte todas as fontes e complete sua tabela.

Nessa tabela, você terá dois números muito importantes: a PMT global da empresa e o saldo devedor global da empresa. Vamos utilizar esses números adiante.

Passo 2: compare a PMT da empresa com o FCL

É hora de olhar o lucro operacional da empresa e identificar qual valor sua empresa consegue gerar mensalmente (antes de arcar com o Capex).

Essa será a verba. Seu desafio será encaixar a PMT dentro do lucro operacional e garantir que a empresa consiga gerar fluxo de caixa livre.

Se o lucro mensal for 30 mil reais e a PMT global for 40 mil reais, sua empresa estará com fluxo de caixa negativo, ou seja, sem fluxo de caixa livre.

Sabemos, é óbvio, mas quase ninguém faz isso! A grande confusão ocorre porque a maioria dos consultores e administradores não une o regime de competência com o regime de caixa. Mas isso é outro conceito chato e não vamos detalhar isso aqui.

Vamos corrigir o problema. Temos que reduzir a PMT global dessa empresa!

Passo 3: encontre o fator PMT

Reduzir a PMT não é uma missão simples. Pelo que vimos até agora, parece que basta alongar o prazo e pronto. Mas não é só isso.

5. LIQUIDEZ

Antes de pensar em alongar o prazo, nós precisaremos voltar à tabelinha de dívidas e inserir uma nova coluna à direita. Nessa coluna, calcularemos o fator PMT.

CREDOR	CAPITAL	TAXA (A.M.)	PRAZO TOTAL (meses)	PRAZO RESTANTE (meses)	PMT	SALDO DEVEDOR	FATOR PMT
				GLOBAL			

Assim como diversos termos utilizados neste livro, o fator PMT é um índice criado por nós, na GPME. É uma forma de medir quanto a prestação de um financiamento representa sobre seu saldo devedor. Ou seja, quanto estamos empregando de dinheiro em relação ao tamanho da dívida.

Para calculá-lo, basta dividir a PMT pelo saldo devedor. Você encontrará um percentual.

Suponhamos que na sua empresa, que possui PMT global de 40 mil reais, o saldo devedor global seja 400 mil reais. Desse modo, seu fator PMT global será 10,0% (40 mil/400 mil).

Passo 4: reduza sua PMT

Agora sim, depois de muito apurar e calcular, nós vamos agir. Encontrado o fator PMT global, você também conseguirá visualizar os fatores PMT de cada financiamento.

131

CRIANDO EXPERIÊNCIAS LUCRATIVAS

Comece atacando os mais altos, pois são eles que estão acabando com seu fluxo de caixa livre. Mesmo que sua empresa possua dezenas de contratos de financiamento, é possível apurar todas elas e organizá-las em ordem crescente. Utilize o Excel.

Ao selecionar aqueles financiamentos que estão causando o caos na sua empresa, vamos precisar revisá-los.

A opção mais fácil (mas nem sempre a mais barata) é renegociar com o próprio credor. Você tem todo o direito de solicitar uma nova composição da sua dívida, alterando taxa e prazo. Mas seu credor tem todo o direito de negar.

A segunda opção é buscar novas linhas de financiamento com outro credor, com o intuito de substituir as anteriores. Nesse caso, você já direcionará seus esforços para linhas adequadas à sua necessidade e que realmente ajustem sua PMT global, para que ela caiba no seu lucro operacional e você comece a enxergar um fluxo de caixa realmente livre.

Cabe dizer que essa substituição quase nunca será linha por linha. Em outras palavras, você poderá captar uma linha para substituir outras dez linhas. A composição será alterada, obrigatoriamente.

Uma outra questão, apresentada no tópico "Comprar à vista ou financiar?": nós vimos que alongamento de prazo a uma mesma taxa aumenta os juros do financiamento. Portanto, você terá que rebolar para fazer uma manobra inteligente que garanta redução de PMT e ainda proporcione redução de taxa, para que os juros gerados não inviabilizem a negociação.

Mas entenda: é realmente complicado conseguir isso. Na maioria das vezes, você será obrigado a aceitar uma montanha extra de juros para conseguir reduzir uma PMT. É aí que você pode usar seu vasto conhecimento sobre liquidez e rentabilidade para tomar a melhor decisão.

Quais financiamentos existem no mercado?

Você não imagina como é difícil tratar de empréstimos, taxas e indicadores sem poder demonstrar tudo isso numa planilha e lhe explicar ao vivo.

5. LIQUIDEZ

Mas contamos com sua paciência para ler todo esse conteúdo em forma de texto e tentar transformá-lo em números e cifras. Estamos fazendo o possível para tornar sua leitura agradável e prática!

Pense agora em todas as formas de financiamento que sua empresa já utilizou. Pense também naquelas que já foram oferecidas a você, mas você nunca provou. E, por fim, pense ainda em todas as linhas de que você já ouviu falar, mas nunca analisou.

Pois é. Tem muita coisa disponível no mercado. Seria um pecado eu estragar nosso clima apresentando a você contratos, requisitos, burocracias e afins. Mais uma vez, vamos facilitar.

Vamos apresentar aqui os créditos disponíveis nas plataformas tradicionais ofertadas pelo mercado bancário. Existem fontes alternativas de crédito, principalmente ligadas à expansão e à aceleração de negócios, que serão debatidas no próximo capítulo.

Nesse momento, nos cabe entender como os bancos funcionam com suas linhas de crédito-padrão. Então vamos em frente.

Capital de curto prazo

Normalmente, utilizado para injeção de capital no caixa da empresa. Algumas dessas linhas de crédito costumam ser chamadas de "capital de giro", mas é um conceito enviesado.

O termo técnico "capital de giro" é o capital que a empresa possui para financiar suas operações de curto prazo (comprar, pagar, estocar, vender e receber). Já o valor total de que a empresa precisaria para arcar com esse ciclo é denominado necessidade de capital de giro.

Normalmente, quem busca esse capital no banco não está buscando capital de giro. Essa galera está buscando reforço de caixa para períodos sazonais, redução de PMT, recurso para expansão do negócio etc.

Enfim, esse capital de giro do banco é um empréstimo comum e é o mais fácil de conseguir. Logicamente, possui serventia, mas sem nenhuma vantagem aparente.

133

CRIANDO EXPERIÊNCIAS LUCRATIVAS

Cheque especial

Temido por muitos empresários, o cheque especial não deveria ser encarado como vilão. Apesar de suas taxas de juros altíssimas, ele já serviu como fonte de recursos para muitos empresários que não tinham um tostão quando começaram seus negócios.

Trata-se de um limite de crédito concedido à empresa, que poderá utilizá-lo e devolvê-lo sempre que quiser, pagando juros sobre os dias que utilizá-lo. É um recurso de curtíssimo prazo.

Logicamente, se você puder evitá-lo, faça isso. Mas, se sua situação não permitir, coloque ele nos seus planos de redução de PMT e aja dentro das suas possibilidades.

Utilizar cheque especial não é sinal de estar quebrando; é sinal de falta de planejamento e pode ser corrigido.

Conta garantida

Seu funcionamento é idêntico ao do cheque especial. Um crédito disponível que pode ser usado e devolvido a qualquer tempo, taxado apenas nos dias em que for utilizado.

Mas, ao contrário do especial, as taxas de juros da conta garantida são atrativas, até cinco vezes menores. Com isso, se mostra como um recurso prático, fácil de usar e com custo razoável.

Por outro lado, como o nome já diz, é preciso garantir o recurso, oferecendo algum bem ou recebível para liberação do limite de crédito.

Antecipação de cartões

Essa modalidade é muito utilizada pelas empresas do varejo, principalmente na última década, quando o dinheiro de papel foi substituído pelo dinheiro de plástico – o cartão de crédito.

134

5. LIQUIDEZ

Tanto as operadoras de cartão como os bancos oferecem a opção de antecipar as vendas realizadas a prazo nos cartões de crédito. O custo é moderado, mas existem muitas variações de uma instituição para outra. Comparar taxas é o melhor caminho.

Esse tipo de financiamento precisa ser muito bem pensado antes de utilizado. Você estará antecipando algo que seria recebido dias à frente, então será preciso programar todo o caixa para suprir a falta desse recebimento futuro. Por esse motivo, é considerado um financiamento de curtíssimo prazo; é quase uma fumaça que aparece e some rapidamente.

Financiamentos de longo prazo

Já deu pra ver que empréstimo só existe por dois motivos: 1) para consertar uma cagada do passado; e 2) para investir no crescimento do negócio.

Depois de vermos tantos conceitos sobre produto, operação e liquidez, você pegaria um empréstimo para cobrir o prejuízo que sua empresa gera mensalmente?

Espero que sua resposta seja NÃO!

Quanto mais empréstimos você contratar para cobrir prejuízos, maior será o seu próximo prejuízo.

Se sua empresa precisa solucionar somente o problema de fluxo de caixa livre, este capítulo inteiro sobre liquidez foi feito pra você.

Mas, se você já resolveu esse ponto, é hora de passar de fase nesse *game* do empreendedorismo. É hora de expandir.

Para tratar de financiamentos de investimento e plano de expansão, nós temos uma matriz dedicada: a matriz Expansão.

6.
EXPANSÃO

A DOR DO CRESCIMENTO

Toda empresa grande um dia foi pequena. E foi por isso que escrevemos esta obra focando nas pequenas e médias empresas brasileiras. É aqui na base que devemos começar a mudança.

Todos nós adoramos *cases* de sucesso de empreendedores que começaram bem nanicos e se transformaram em grandes potências. Não tem a menor graça um *playboy* contar a história da empresa que seu pai lhe deu de presente e que ele manteve bem grandona. Apesar de haver uma capacidade sucessória e competência em manter negócios de ponta, não são esses os empreendedores que encantam com suas histórias. E este material não foi criado para esse grupo de empresas consolidadas no topo, mas, sim, para aqueles que precisam de um empurrão pra decolar. Estamos falando de "apenas" 95% das empresas do país.

Crescer não é fácil. Mas com técnica e um bom modelo de expansão podemos anestesiar a dor do crescimento. Mas só isso não basta. Precisamos estar mentalmente preparados para esse momento.

Já vimos de perto alguns empreendedores estragando negócios muito promissores. Alguns fatores contribuem pare esse insucesso repentino, como a falta de estudo, de dedicação, de liderança e de inteligência emocional. Mas um fator prepondera sobre todos esses, que é a ausência do que chamamos de mentalidade vencedora.

Mentalidade vencedora é aquela certeza de que vai dar certo, é o positivismo, a busca incessante pela solução, a vibração nas pequenas conquistas coletivas e, principalmente, a capacidade de ver os obstáculos como desafios excitantes e estimulantes.

O tal sonho grande não é para qualquer um. Não vem para um dorminhoco qualquer.

CRIANDO EXPERIÊNCIAS LUCRATIVAS

CABEÇA NAS NUVENS, PÉS NO CHÃO

Percebemos que a cada dia que passa os jovens estão cada vez mais propensos a tentar encontrar o caminho mais fácil. O "sonho grande" dos empreendedores modernos é montar um aplicativo e vendê-lo para um grande fundo de investimentos, antes mesmo de a solução ir para o mercado. O sonho do primeiro milhão de dólares aos 30 anos e da aposentadoria aos 40.

Os objetivos estão estranhos. Estamos adoecendo. Estamos diante da geração mais ansiosa e estressada da história. Uma geração que prefere postar a curtir. Em que compartilhar é menos importante que ser visualizado. A geração que sonha com o *case* pronto, mas que tem uma preguiça danada de viver a trajetória. Mais vale uma foto com filtro em Fernando de Noronha do que enfrentar toda aquela maratona chata pra chegar até lá.

Convenhamos, a culpa não é só dessa geração atual, mas também das antecessoras. Afinal, não somos educados por nós mesmos. Nossos ante-passados buscaram nossos direitos, e agora estamos lotados deles. Mas nos deram poucos deveres.

Nossa geração quer tudo, na velocidade do Google. Nossa geração não quer emprego; quer ser feliz e brincar de trabalhar. Nossa geração quer direitos trabalhistas, mas não quer compromissos e rotinas. Queremos segurança e diversão, estabilidade com liberdade. Queremos aprender sem estudar. Ensinar o que aprendemos nas redes sociais e, de preferência, sem sair de casa.

Meus amigos, este capítulo se chama "Expansão". Sabe por quê? Está na hora de crescer!

Vamos expandir, antes de tudo, nossos horizontes e entender que os poucos que cresceram aceitaram aquilo que a grande maioria – e talvez até você – ainda não topou: "viver o negócio", e não apenas "viver do negócio".

138

VAMOS EXPANDIR, ANTES DE TUDO, NOSSOS HORIZONTES E ENTENDER QUE OS POUCOS QUE CRESCERAM ACEITARAM AQUILO QUE A GRANDE MAIORIA – E TALVEZ ATÉ VOCÊ – AINDA NÃO TOPOU: "VIVER O NEGÓCIO", E NÃO APENAS "VIVER DO NEGÓCIO".

CRIANDO EXPERIÊNCIAS LUCRATIVAS

Quem vive o negócio sente um prazer tão grande em fazer o que faz que o crescimento brota naturalmente, pois a mente já está encaixada na solução.

Vamos acelerar e viver de verdade?

PAINEL DE INSTRUMENTOS: APRENDENDO A VOAR

Antes de tudo, precisamos nos situar.

Nos capítulos anteriores, aprendemos que empresas nascem com propósitos; que os produtos são as soluções que materializam esses propósitos, resolvendo um problema na sociedade. Entendemos também que, para essas soluções serem produzidas, precisamos de uma operação enxuta, inteligente e comprometida com a entrega de valor ao consumidor, a nossa máquina de resolver problemas. E ainda descobrimos que empresas sólidas devem ter liquidez, sem abrir mão da rentabilidade. Afinal, não adianta ser lucrativo e não ter capital, ou vice-versa.

Para a criação do melhor modelo de expansão, todas as condições descritas serão fundamentais. Precisamos entender nosso negócio para encaixar o melhor modelo de crescimento.

E, como em qualquer colheita de respostas, temos que primeiro plantar as dúvidas. Assim, listamos questões-chave a serem respondidas por você, antes de iniciar qualquer ação expansionista.

Entenda as perguntas a seguir como um diagnóstico do sucesso.

- Qual é o propósito da sua empresa?
- Qual é o real problema que ela resolve?
- Qual mercado ela atende: pessoas físicas ou jurídicas?
- Quais são o público-alvo e as *personae*?

140

6. EXPANSÃO

- Qual é o posicionamento de preço em relação à concorrência?
- Quais são os diferenciais da solução (valores percebidos)?
- Como ela encanta?
- Qual é a escala de entrega da experiência: butique ou linha de produção?
- Qual é o melhor modelo operacional para a criação da máquina de resolver problemas?
- Quais custos estão envolvidos no processo?
- Quais são os gargalos de produção?
- Qual é a condição tecnológica da empresa?
- Qual é a motivação do time de colaboradores?
- Quais são os indicadores-chave de desempenho (KPI)?
- Quais são os resultados gerados nessa operação?
- Quais são o lucro e o fluxo de caixa livre (FCL)?
- Qual é o grau de endividamento e de comprometimento financeiro da empresa?
- Quais são a capacidade e o know-how dos sócios para conduzir esse processo de expansão?

Atente-se que todas essas questões elencadas já foram debatidas nos capítulos anteriores. Esse é um questionário-resumo para colocá-lo no momento certo para o crescimento do seu negócio.

Se você respondeu a todas as questões com segurança, você já é um piloto, tirou o brevê.

Vamos iniciar a montagem do seu plano de voo e seguir uma rota com segurança.

CRIANDO EXPERIÊNCIAS LUCRATIVAS

PLANO DE VOO: TRAÇANDO O ROTEIRO

Apesar de o verbo "voar" parecer um ato de grande liberdade, tenha a certeza de que pilotar uma aeronave é uma das atividades profissionais mais técnicas e complexas do mundo. Já reparou a quantidade de botões em um painel de bordo? Já imaginou a responsabilidade de conduzir uma tripulação a mais de 30 mil pés?

Não é fácil e exige mais do que boa vontade. Você prefere embarcar com um piloto experiente, estudioso e técnico ou com um aventureiro supercriativo?

Pra voar, tem que ter muito mais do que coragem e loucura; tem que estar preparado. Os passarinhos também não nascem voando e, mesmo aqueles já adultos, com toda sua alma livre, vivem sofrendo acidentes aéreos.

Além da capacitação profissional, a grande estratégia para mitigar riscos na aviação é um bom plano de voo.

Plano se refere ao conjunto de métodos e tarefas para atingir um resultado em um projeto. O resultado no plano de voo é chegar a um determinado destino com sucesso, satisfazendo a todos os envolvidos no processo.

Para uma empresa voar, precisamos também de uma série de métodos e tarefas para atingir o resultado (o lucro) proveniente das vendas, satisfazendo aos seus clientes.

Como você pode ver, voar não é um ato de liberdade irresponsável, assim como vender não é improvisar discursos, como muitos pensam. Piloto bom não é louco, e vendedor bom não é o malandro.

Vender bem é como voar. Tem que ter método, sequência e objetivo, no entanto sem perder a beleza e a leveza de flutuar no horizonte.

Essa analogia do plano de voo com um plano de crescimento de uma empresa não é tão inovadora assim, mas, por se tratar de um exemplo tão feliz, resolvemos utilizá-lo antes de entrar diretamente nas estratégias de

142

tração e crescimento. Nosso plano de voo, daqui pra frente, dará lugar ao nosso plano de expansão. Ao infinito e além!

PLANO DE EXPANSÃO

Como já deve ter ficado claro, não há como expandir um negócio inexistente. Não há pódio sem corrida. Esse momento de expansão é para aquelas empresas que já estão em uma caminhada forte e buscam aceleração.

Antes de tudo, precisamos definir o que queremos expandir, para, posteriormente, avaliarmos de que forma será esse crescimento. Caso contrário, ficaremos perdidos em meio a tantas possibilidades. Veja quantas dúvidas passam na cabeça de um empreendedor ao pensar em expansão:

- Expandir por meio do aumento do mix de produtos e serviços?
- Expandir por meio do aumento da área de vendas?
- Expandir por meio do aumento da capacidade produtiva?
- Expandir por meio do aumento da equipe de vendas?
- Expandir por meio de um e-commerce próprio?
- Expandir por meio de marketplaces e programas de afiliados?
- Expandir por meio da venda para pequenos varejistas?
- Expandir por meio da venda para atacadistas?
- Expandir por meio de representantes e consultores de vendas?
- Expandir por meio de distribuidores?
- Expandir por meio de franquias?

CRIANDO EXPERIÊNCIAS LUCRATIVAS

- ▶ Expandir por meio de redes associativas?
- ▶ Expandir por meio de exportações?
- ▶ Expandir por meio de novos segmentos de mercado?

Enfim, como podem ver, são muitas as possibilidades, e não chegamos nem perto de citar todas. Isso sem contar as estratégias híbridas, que conjugam dois ou mais canais de expansão.

Não importa se sua empresa é um pequeno comércio de tintas, uma indústria de embalagens ou uma contabilidade. Um restaurante, uma seguradora, uma agência de publicidade ou uma fábrica de software. Não interessa se você é grande ou pequeno, você precisa crescer.

E pra isso você deve elencar todas as possibilidades de expansão e verificar aquela que combina mais com seu momento e tem o maior potencial de escalabilidade.

Primeiro, precisamos agrupar as possibilidades em categorias, de acordo com cada objetivo. Vamos tratar as quatro estratégias mais comuns, e você avaliará qual é a forma ideal de crescimento para sua empresa.

Ampliação da base de clientes

Ocorre quando a empresa pretende manter o mix de produtos atual e pensar apenas em crescimento de vendas. Esse crescimento acontecerá com o aumento da quantidade de clientes. Para uma estratégia ser bem-sucedida, ela deve se posicionar de maneira competitiva, evidenciar seus diferenciais e diversificar seus canais de vendas.

Visualize a seguir alguns exemplos de empresas crescendo em um mesmo mercado e com os mesmos produtos.

Imagine uma indústria familiar de relógios masculinos que vende exclusivamente através de seu e-commerce. Quando ela amplia sua produção, melhora sua tecnologia e automatiza seus processos, reduzindo custos e

144

NÃO INTERESSA SE VOCÊ É GRANDE OU PEQUENO, VOCÊ PRECISA CRESCER.

CRIANDO EXPERIÊNCIAS LUCRATIVAS

praticando preços mais agressivos, ela está adotando esse modelo de penetração de mercado, pois, ao atingir preços menores, alcançará novos clientes, novos parceiros e novos canais de distribuição do produto.

Agora pense em uma empresa de software de gestão que vende para pequenas e médias empresas. No momento em que ela amplia seu time de vendas, investindo em maior frequência e cobertura de visitas aos seus clientes, ela também está utilizando essa estratégia.

Por fim, considere uma instituição de ensino superior. Quando ela investe em suas instalações, aumenta seu espaço físico e amplia seu número de vagas, ela está igualmente investindo em ganho de demanda, no mesmo mercado e com o seu próprio produto.

Criação de novos mercados

O objetivo dessa estratégia é ganhar novos mercados utilizando os produtos e o know-how já existente. Geralmente, esse tipo de crescimento envolve uma maior abrangência geográfica ou a venda para públicos diferentes, até então pouco explorados. Assim como na ampliação, o produto continua o mesmo.

Vamos usar os mesmos exemplos da estratégia de ampliação para ilustrar a diversificação de mercado.

A mesma indústria de relógios poderia passar a vender seus produtos para diversas lojas físicas de relógios, em marketplaces ou em programas de afiliados; mesmo produto, novos mercados.

A empresa de software de gestão, por sua vez, poderia formalizar parcerias com representantes em outras regiões do país, atacando um território maior.

A instituição de ensino poderia desenvolver um modelo de franquias e espalhar unidades em todo o país, ganhando amplitude comercial.

Criação de novos produtos

Desenvolver produtos para um mesmo mercado é uma das estratégias mais comuns de crescimento, principalmente no varejo. A elevação do mix é um processo comum em supermercados, lojas de roupas, meio alimentício, empresas de representação e distribuição, entre outras. Munir-se da própria carteira de clientes ou do próprio segmento para geração de novas oportunidades é o foco dessa estratégia. Empresas de tecnologia diversificam seu mix de software para vender mais soluções para uma mesma carteira clientes.

Voltemos aos nossos três exemplos.

A indústria familiar de relógios poderia desenvolver relógios personalizados, sob medida, que permitissem uma customização do seu cliente.

A empresa de software de gestão poderia considerar a hipótese de desenvolver um software de vendas, um CRM, para ampliar seu mix junto aos seus clientes atuais e conquistar ainda novos clientes.

A instituição de ensino poderia avançar seus cursos para um ensino a distância (EAD) e cursos livres para seus alunos, além da possibilidade de ampliar o número de cursos ofertados.

Exploração ou diversificação

Para desenvolver uma estratégia de diversificação a empresa deve estar decidida a correr riscos e a se aventurar em uma área desconhecida; essa nova aventura vai exigir uma curva de aprendizado grande, não só na criação de novos produtos como também em toda a cadeia de valor. Nesse tipo de expansão, estamos praticamente crescendo através da criação de negócios.

A diversificação pode ser total (não relacionada) ou parcial (relacionada). A diversificação parcial é aquela relacionada ao foco do negócio principal. Já a total se refere a uma mudança radical de negócio, completamente diferente do negócio atual.

147

CRIANDO EXPERIÊNCIAS LUCRATIVAS

Seguimos com nossos mesmos exemplos para ficar mais claro.

A indústria de relógios faria uma diversificação parcial caso optasse por produzir e vender relógios femininos, infantis ou decorativos. Por outro lado, praticaria uma diversificação total, ou não relacionada, caso passasse a produzir vassouras. Percebem a diferença?

A empresa de software de gestão praticaria uma diversificação parcial, ou relacionada, caso produzisse aplicativos e jogos interativos. Nesse caso, a empresa continua sinérgica com seu propósito de desenvolvimento de softwares, mas agora não está focada no produto "gestão".

Se essa mesma empresa de software começar a ministrar cursos de gastronomia, será uma diversificação completa, sem qualquer sinergia com a atividade principal.

Por fim, a escola de ensino superior pode praticar uma diversificação relacionada caso lance turmas de Ensino Fundamental, mantendo sua atividade educacional em primeiro plano. Porém, caso ela decida abrir um restaurante em seu espaço físico, estará criando um novo negócio, e sua estratégia de expansão, nesse caso, será uma diversificação não relacionada.

Usamos os exemplos da fábrica de relógios, da empresa de software e da instituição de ensino para mostrar que o modelo de expansão pode se diferenciar muito dentro de uma mesma empresa. Além disso, podemos ter modelos híbridos e momentos de expansão diferentes para um mesmo modelo.

Não sei se perceberam, mas através desses três exemplos passeamos por quase todas aquelas possibilidades iniciais de expansão deste tópico. Falamos de aumento de espaço físico, de tecnologia, de digitalização e de comércio eletrônico, de representante comercial, de equipe de vendas, de franquias, de ampliação de mix de produtos e até de novos negócios.

Essas quatro estratégias fazem parte de uma ferramenta muito conhecida dentro das proposições de planejamento estratégico: a matriz Ansoff. Ela é dividida em quadrantes, onde são listadas possíveis ações em cada objetivo de expansão. É importante frisar que essas quatro estratégias da matriz são totalmente focadas em aumentar volume de receitas, ou seja, expandir.

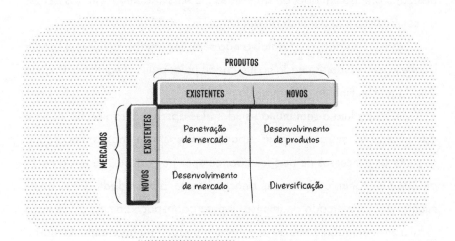

Ainda não ficou claro? Querem um exemplo real?

Vou contar uma breve história pra vocês, daquelas bem emocionantes, em que o pequeno empreendedor vence as dificuldades e se transforma em case de sucesso.

O VOO DE ITAMARATI DE MINAS PARA O BRASIL

Começa agora a epopeia dos irmãos Duarte, Guilherme e Jeferson – para os íntimos, Guigui e Carequinha.

Como todo grande conto, essa história começa com uma tragédia, quando ambos presenciaram o falecimento acidental do pai. A vida os obrigou, ou melhor, os convidou, ao combate desde cedo, retirando-os do pequeno município de Itamarati de Minas e levando-os à cidade do Rio de Janeiro.

CRIANDO EXPERIÊNCIAS LUCRATIVAS

Jeferson convoca Guilherme para acompanhá-lo na condução de um boxe de rapadura (deixado pelo pai), localizado no Mercadão de Madureira, na capital fluminense.

Parece triste, mas como diria Vinicius de Moraes: "Pra fazer um samba com beleza, é preciso um bocado de tristeza". E em Madureira, um dos berços do samba, isso não é novidade pra ninguém.

Apesar de sofrida, essa batalha não seria enfrentada sozinha; a família Duarte já estava representada no mercadão pelos primos Reginaldo, Rogério e Rodrigo. Um time de guerreiros da rapadura.

Com muita luta e sem muito estudo, eles aprendem rapidamente uma arte milenar: comprar e vender. Apanharam bastante, mas começaram a dominar os processos de negociação, compra por volume, gerenciamento de estoque, controle logístico e, principalmente, a habilidade de encantar clientes em um mercado de intensa disputa por espaço comercial. Se você já foi a um mercadão, sabe do que estou falando. Tudo aprendido na marra, sem livros e sem teorias.

A luta diária no pequeno boxe, em um ambiente completamente amador, começa a trazer resultados e a ganhar a empatia do público. Nesse momento, além da rapadura, doces e biscoitos vão sendo incorporados ao mix de produtos, e as vendas fluem mais rapidamente.

Quando parece que tudo está se encaixando, vem o segundo grande drama da família: o incêndio do mercadão. A maior parte dos comerciantes perde tudo, e muitos são obrigados a se mudar temporariamente para centros comerciais alternativos. Tristeza e desespero no rosto de todos. Mas um bom brasileiro sabe que "rapadura é doce, mas não é mole, não".

Porém, em toda crise, nascem novas oportunidades. E nesse período surge uma ideia arriscada pra quem não tinha condições financeiras: eles decidem abandonar o boxe, muito mais atacadista, e montar uma "loja conceito" de rua, maior, com mais variedade de produtos e fachada imponente, em um alto ponto de varejo.

150

6. EXPANSÃO

Eles não sabiam, mas o incêndio mudaria a vida de todos pra sempre. Surgia ali a primeira unidade da Casa do Biscoito, hoje a mais famosa e popular rede de doces e biscoitos do Rio de Janeiro.

O negócio nada mais era que um "microssupermercado", em que as gôndolas só apresentavam doces, biscoitos e, claro, rapadura. Tudo era vendido a preços populares. Essa combinação era uma novidade na época.

Os consumidores adoraram e lotavam a loja em busca das promoções. Foi uma ascensão meteórica, e aquela loja rapidamente se multiplicou, atraiu investidores e é um sucesso até hoje. Não existe um carioca que não conheça uma Casa do Biscoito.

Quem prova do doce se lambuza, e os irmãos Duarte não pararam por aí. Percebendo o modelo de sucesso da Casa do Biscoito, decidiram seguir a mesma fórmula, fazendo um novo "recorte" de uma nova família de produtos específica e abrindo um novo negócio de mix especializado. Dessa vez, eles miraram produtos de maior ticket médio e com maiores potenciais de margem. Escolheram o segmento de utilidades domésticas.

Assim, nascia a Superlar, uma loja especializada em utilidades do lar e decoração. A Superlar já passa de vinte lojas e encanta clientes e franqueados pelos estados de Minas Gerais e do Rio de Janeiro.

Outros negócios estão sendo desenvolvidos por essa dupla e em breve serão exemplos no livro de algum outro autor.

Você deve estar se perguntando sobre os primos. Estes, além de sócios fundadores da Casa do Biscoito têm mais algumas dezenas de operações de varejo. Todos continuam amigos e sócios de vida, com a mesma humildade dos garotos que saíram de Itamarati de Minas e conquistaram a cidade maravilhosa.

Essa curta e bonita história elucida bem a sequência expansionista em quatro tempos. Primeiro com a expansão do mix de produtos, adicionando doces e biscoitos ao boxe **(desenvolvimento de produtos)**; depois, com a mudança no perfil do negócio, abandonando o boxe de feira e montando

CRIANDO EXPERIÊNCIAS LUCRATIVAS

uma loja mais agressiva comercialmente **(penetração de mercado)**. Em seguida, há uma expansão territorial por meio de filiais e franquias **(desenvolvimento de mercados)**. E por fim, percebendo uma nova oportunidade, vem a estratégia de expansão por novos negócios com a criação de uma segunda rede de varejo focada em utilidades **(diversificação)**.

Como podem perceber, esse é um exemplo real de uma empresa que passou pelas quatro fases de expansão mencionadas anteriormente e que continua expandindo. Afinal, o novo negócio também já ganhou tração com expansão geográfica de pontos de vendas e agora evolui para um e-commerce muito promissor de utilidades do lar e decoração.

Observando a matriz Ansoff e esses conceitos que passamos, ficará muito mais fácil definir o plano de expansão para o seu negócio decolar. Não importa se a sua empresa é um varejo, uma indústria, vende serviços ou tecnologia, praticar os conceitos elencados aqui será fundamental para a condução do crescimento do seu negócio.

Mas estamos longe de terminar; ainda nem aquecemos os motores. Como falamos, em um plano de voo, pode haver várias rotas; o importante é chegarmos com segurança ao destino.

COMBUSTÍVEL: ABASTECENDO A AERONAVE

Depois de uma pausa para uma história real, voltemos à analogia clichê do nosso avião.

Após tirarmos nosso brevê, treinarmos o funcionamento do painel de instrumentos e definirmos o nosso plano de voo, estamos prontos para voar, certo?

Errado! Sem combustível essa aeronave não levanta voo e com pouco combustível ela também não chegará ao destino. Pior que isso, ela poderá ser forçada a fazer algum pouso de emergência.

6. EXPANSÃO

No mercado empresarial, antes de voarmos para a fase gostosa de growth (Crescimento) e tração, precisamos dos recursos necessários para nos abastecer e manter nossa empresa segura e planando.

Estamos falando de grana, capital, bufunfa, "faz-me rir", dindim, capilé, tutu, *money*, enfim... DINHEIRO!

Toda ação de expansão demanda capital, e é por isso que este capítulo vem subsequente à matriz Liquidez. Afinal de contas, precisamos saber como está a nossa condição financeira atual antes de investirmos em uma aventura de crescimento.

Precisamos saber de que tipo de capital ideal precisaremos, como será essa queima de combustível ao longo do trajeto e quais serão as formas de mitigar riscos durante a viagem.

Vamos conhecer as principais fontes de financiamento para um plano de expansão, o objetivo de cada uma delas e qual o momento para cada tipo de capital.

Capital próprio *Bootstrapping*

A primeira fonte de capital da maioria dos negócios é o capital próprio. Entende-se por capital próprio as reservas financeiras pessoais que são investidas na atividade empreendedora. Aqui é importante lançarmos o conceito de *Bootstrapping*, uma expressão meio maluca, com alguma referência à alça da bota, mas que no universo empreendedor significa "fazer com os próprios recursos", ou seja, não depender de capital de terceiros. Entende-se como recurso não só os financeiros, mas também o capital intelectual, a força de trabalho e as ferramentas criadas pelo time de empreendedores.

Sócios tradicionais

A segunda fonte de capital mais comum é a figura do sócio. Não o investidor, mas aquele sócio que entra no meio da jornada, inserindo capital e contribuindo de alguma forma no processo decisório.

CRIANDO EXPERIÊNCIAS LUCRATIVAS

É um sócio convidado no meio do processo para viabilizar a execução deste e fazer do negócio meio de vida, não somente um investimento puro.

Recorrer a esse tipo de capital é uma decisão que envolve não só o lado financeiro, mas também o julgamento de que a presença do novo sócio será um agregador comercial ou operacional na empresa.

Portanto, pense bem ao adotar um sócio no meio do seu processo. Afinal, quem tem sócio tem patrão! E sua empresa sofrerá mudanças.

Investidores autônomos

Chamamos de investidores autônomos aquelas pessoas que investem no seu negócio criando um negócio e um meio de vida pra elas.

Um exemplo muito comum desse tipo de investimento é o sistema de franquias, no qual um franqueado investe recursos adquirindo o know-how de um franqueador (criador do negócio) e explorando comercialmente uma marca e um business já existente.

Se optar por esse tipo de expansão e de captação de recursos, atente-se para as questões técnicas e jurídicas que envolvem a formalização da transferência de know-how no franchising. Documentos como a circular de oferta de franquias (COF), o contrato de franquia empresarial (CFE) e os manuais de operação e condução do negócio são de suma importância para evitar problemas futuros. Mais importante ainda que toda essa burocracia é a seleção e o treinamento dos franqueados. Afinal, eles serão os responsáveis pela multiplicação do seu negócio.

Geralmente os franqueados não são investidores profissionais. O que eles buscam, na maioria das vezes, é um meio de vida, um ofício, uma fonte de renda, e escolhem o modelo de franquias para minimizar os riscos, apostando em algo já testado.

O alinhamento de expectativas e responsabilidades é fundamental para o sucesso desse tipo de fonte de financiamento.

154

Investidor-anjo

Capital-anjo. Esse nome sugere seres divinos e missionários destinados a ajudar os empreendedores em sua dura jornada. É mais ou menos assim.

Existem tipos diferentes de investidores-anjos: os amadores e os profissionais.

Os amadores são parentes, amigos e conhecidos que investem em um negócio, adquirindo parte dele, para ajudar em sua alavancagem, esperando algum retorno, mas sem o devido conhecimento para ajudar no crescimento e na cobrança de resultados.

Os investidores-anjos profissionais, ainda que muitos sejam pessoas físicas, são investidores técnicos e preparados que percebem oportunidades em negócios promissores, estabelecem premissas para inserir seu capital e/ou adquirir parte de um negócio. Eles monitoram e, muitas vezes, contribuem com a evolução de seus investidos. Além disso, possuem um desejo futuro de multiplicação de capital, com uma boa negociação de suas cotas.

Esse grupo de investidores profissionais tem crescido muito no país e já tramita capital há bastante tempo através de fundos de investimento ou de "fundos de capital-anjo".

Um investimento do anjo amador, ou familiar, pode até parecer mais confortável em termos de pressão por resultados, mas não vem acompanhado do suporte e da experiência que um investidor profissional pode trazer nessa fase importante de encontrar o perfeito encaixe de seu produto no mercado.

Apenas a título de informação, para ficar mais evidente nas próximas comparações, geralmente os investidores-anjos aportam até 500 mil reais em seus investidos.

Não entraremos aqui nos aspectos legais e nas premissas para a aquisição desses recursos; não é o objetivo deste capítulo.

Capital semente

O capital semente está um nível acima do investimento-anjo. Além de ser um investimento de um risco superior, com maior exposição de capital (de

CRIANDO EXPERIÊNCIAS LUCRATIVAS

500 mil reais a 2 milhões de reais, aproximadamente), trata-se de um aporte muito mais criterioso, geralmente realizado através de fundos de investimento e pessoas jurídicas.

A maior parte desses fundos distribui seus investimentos entre várias empresas, diversificando capital e controlando o risco.

São fundos que preferem expandir empresas já em evolução de vendas e que preferencialmente já tenham recebido aportes de investidores-anjos, demonstrando maturidade e credibilidade na execução de seus projetos.

Venture Capital (VC)

Como o próprio nome já diz, é um capital de ventura, ou capital de risco. E, pra correr riscos, existem diversas prerrogativas.

Esse tipo de investidor, ou fundo de investimento, busca apoiar empresas já formatadas, com produto encaixado em crescimento, e que já ocupam certa posição no mercado. O capital inserido buscar servir como alavanca de estratégia para mudar a empresa de patamar, promovendo alta valorização do negócio.

Geralmente os aportes nessa modalidade giram entre 2 milhões de reais e 10 milhões de reais. Mas não pensem que é um salto sem paraquedas no escuro. Pelo contrário, para receber uma rodada (ou série) de investimentos dessa magnitude, uma empresa deve passar por um rigoroso e disputadíssimo processo seletivo, conduzido por um time de profissionais gabaritados e especialistas em análises de viabilidade.

Private Equity

O *Private Equity*, ou ativo privado, é o capital disponível para empresas consolidadas, já maduras, com alto faturamento (empresas de portes médio e grande) e tracionadas em franca expansão.

Nessa modalidade, os aportes são superiores a 10 milhões de reais e podem, inclusive, ser direcionados a empresas que estão flertando com a abertura de capital ou implementando-a.

156

Mercado de capitais

Quando uma empresa "abre seu capital", significa que ela passa a aceitar em seu quadro societário acionistas do mercado financeiro. Nada mais é do que uma forma de captar recursos através do fracionamento e da comercialização das suas cotas.

Esse momento da abertura de cotas ao mercado recebe o nome de *Initial Public Offering* (IPO), ou Oferta Pública Inicial.

Esse é o final da fase de capital de expansão, ou melhor, esse é um novo início. Depois da abertura de capital, tudo muda.

Mas, como não vamos abrir o capital da nossa empresa agora, voltemos ao mundo real. Afinal, a ideia aqui não é adentrar o universo das fontes e da estratégia de captação de recursos. O que fizemos foi apenas ligar os pontos soltos de cada modalidade ao momento de cada negócio.

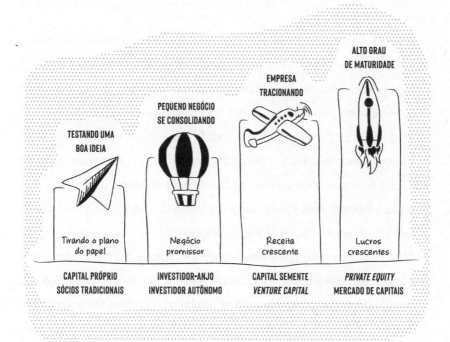

CRIANDO EXPERIÊNCIAS LUCRATIVAS

Analisando o gráfico exposto, fica claro que cada tipo de capital citado está associado a uma fase específica do negócio. Isso não quer dizer que você precisará passar por todas as fases nem voltar no tempo para recuperar capital anterior à sua fase atual. Essa é apenas uma demonstração visual para facilitar o seu posicionamento diante das estruturas de capital. Perceba que, quanto maior a evolução do negócio, maior será o acesso ao capital barato.

TRAÇÃO: LIGANDO AS TURBINAS E DECOLANDO

Tanque cheio, plano de voo traçado, nível alto de confiança e capacitação realizada. Pode voar!

Meu amigo, imagine a sensação de pilotar uma aeronave pela primeira vez, sozinho. Deve ser um cagaço (perdoem o termo). Deve dar uma tremedeira, um frio na barriga.

A sensação é parecida quando um investidor coloca 1 milhão de dólares na sua mão e pergunta: "Você garante que vai multiplicar meu capital?". O risco de perder o seu negócio, a sensação de que é a chance da sua vida e de que você não pode errar ou jogar fora toda aquela oportunidade.

Mas e aí, meu caro? Você tá preparado pra voar com sua empresa?

Pense se você realmente sabe onde vai aplicar esse primeiro milhão, se realmente vai atrair mais clientes, converter mais vendas e gerar mais lucro para sua empresa. Afinal, essa é a única forma de expandir de verdade.

Aqui mora uma verdade: um voo é imprevisível.

Não sabemos tudo que pode acontecer durante o trajeto. Problemas mecânicos, erros técnicos antes e durante o voo e, ainda, fenômenos naturais incertos podem mudar completamente os planos e as rotas traçadas.

Existem formas de mitigar esses riscos: mapear possibilidades, monitorar informações e reagir rapidamente conforme premissas previamente

158

ensaiadas. É pra isso que existem os simuladores de voo. O segredo é tentar prever o aleatório, tornando previsível o que era pra ser acidental.

No processo de expansão de um negócio, a lógica é a mesma. Precisamos criar um processo lógico e previsível que nos permita captar mais clientes, aumentar exponencialmente o fluxo de vendas e reter a maior parte dessa base de consumidores. Assim teremos uma máquina realmente escalável que nos permita voos mais tranquilos em céus de brigadeiro.

O mercado é tão complexo e dinâmico como o infinito do céu; há muito mais coisas do que supõe a nossa vã filosofia. Então, só nos resta estudar, entender como as coisas funcionam, propor soluções e reagir aos sinais de mudança. Temos que usar nossos simuladores de vendas, ou melhor, temos que mapear a jornada e o comportamento de compras do mercado, assim como um simulador de voos faz.

A JORNADA DE COMPRAS

Vendas, vendas e vendas! Daqui pra frente, vamos falar só disso.

A jornada de compras do consumidor funciona como o mapeamento completo de todo o trajeto percorrido pelo cliente até efetivar, de fato, uma compra.

Como dissemos ao longo de todo este material, o mercado compra produtos (soluções) para sanar necessidades (problemas). Desse modo, entender o possível problema do cliente é fundamental para nos conectarmos a ele como fonte da solução.

Se não refletirmos assim, nunca entenderemos por que os clientes compram os nossos produtos e nunca conseguiremos replicar estratégias de sucesso para aumentar nossas vendas.

CRIANDO EXPERIÊNCIAS LUCRATIVAS

Seria como sair voando, sem um trajeto, esperando que a luz divina nos conduzisse ao destino.

Observe esse enredo curto, em cinco fases. Já deve ter acontecido algo bem parecido com você.

Fase 1

Você está se sentindo mais cansado do que o normal, mas não apresenta sintomas que lhe apontem qualquer doença. Assim, pode ser fruto apenas de uma semana de muito trabalho ou de uma noite maldormida.

Fase 2

O seu cansaço não passa, já se arrasta por dias e começa a prejudicar visivelmente a sua produtividade e o seu humor. Você vai até o Google – o terror dos hipocondríacos –, digita seus sintomas e descobre que pode ser apenas estresse ou uma doença autoimune gravíssima. Após análises menos ansiosas e catastróficas, você debate seu caso com algumas pessoas e decide procurar um médico. Mas qual médico? De qual especialidade?

Fase 3

Após considerar diversas hipóteses, excluir causas e fazer uma autoanálise dos seus sintomas, você opta por um endocrinologista, por entender que os exames solicitados serão mais detalhados e robustos. Você começa a buscar referências técnicas e indicações.

Fase 4

Você avalia os médicos disponíveis, as condições do seu plano de saúde, a comodidade logística e o casamento das agendas. Pronto! Você marcou uma consulta.

160

Fase 5

Seu problema foi resolvido ou não? Você se satisfez plenamente com o atendimento ou não?

Se ambas as respostas forem sim, a sua chance de nova consulta nesse mesmo lugar é muito grande. Nem que seja um *check-up* ou uma consulta de rotina.

Se uma das respostas foi negativa, provavelmente você fará uma nova consideração de compra, quando se deparar com um problema parecido.

A jornada básica de compras de um cliente se divide em cinco etapas muito bem definidas, exatamente como a curta narrativa descrita. Entender essas fases é fundamental para se posicionar como solução de um problema real.

Tecnicamente, essas fases são definidas como: descoberta e aprendizado, reconhecimento do problema, consideração da solução, decisão de compra e decisão de recompra.

- **Descoberta e aprendizado**: nessa fase, o cliente ainda não sente uma dor que o incomode. O problema já existe, mas ele ainda não percebe, não virou uma necessidade. Ainda é aquela pequena sensação de desconforto. O cliente está tomando consciência da existência de uma insatisfação;
- **Reconhecimento do problema**: na segunda etapa do processo, o cliente já não consegue praticar suas atividades do dia a dia de modo natural. Algo não está certo, e ele começa a buscar informações sobre como melhorar o seu problema, ou seja, começa um processo educacional e de busca de conhecimento por parte do cliente;

- **Consideração da solução**: o cliente está em processo de pesquisa e descobrindo possíveis soluções para o seu problema. Aqui ele tem certeza de que o problema não é só dele e de que já existem no mercado produtos ou serviços capazes de sanar sua necessidade. A propensão de consumir a solução aumenta, e as alternativas começam a ser ponderadas. É uma fase inicial de comparação e avaliação;
- **Decisão de compra**: última etapa de uma jornada de compras, o fechamento do negócio, a aquisição da solução para o problema. Quanto mais complexa for essa compra, mais morosa será essa jornada e mais árduo será o caminho até a mudança da terceira para a quarta fase;
- **Decisão de recompra**: aqui começa a jornada de recompra, que é bastante encurtada. É como se começássemos tudo de novo, mas com uma diferença: há um salto de etapas, dependendo do grau de fidelização. A recorrência das compras está intimamente ligada ao nível de satisfação e à redução da dissonância cognitiva.

Como você pode perceber, a jornada de compras é apresentada pela óptica do cliente, e não da empresa vendedora. Caso contrário, chamaríamos de jornada de vendas.

Porém, devemos entender que empresas também compram, e que, apesar de o nosso exemplo ter sido construído a partir de uma compra de serviços, efetuada por uma pessoa física, as pessoas jurídicas também possuem comportamento muito similar na hora de comprar.

6. EXPANSÃO

Todos seguem uma sequência lógica ao realizar compras. A compreensão desse padrão de comportamento permitirá que a sua empresa adote estratégias em cada fase dessa jornada, se apresentando como a solução do problema do cliente no final dela.

Logicamente, a compra de uma casa ou a contratação de uma consultoria possuem uma jornada mais complexa e mais longa do que a compra de um café coado na padaria, mas ambas passaram pela descoberta, pelo reconhecimento e pela consideração antes da compra e da recompra da solução.

Esse conjunto de técnicas inseridas dentro da jornada de compras do consumidor é chamado classicamente de funil ou *pipeline*, dividido entre as áreas de marketing e vendas. É entendendo e simulando o comportamento do consumidor que vamos propor ações visando a conquista do maior número de vendas possíveis.

O FUNIL DE VENDAS

"Tô só dando uma olhadinha..."

Todo profissional de vendas odeia essa frase, desde o vendedor de roupas até o corretor de imóveis. Mas a verdade é que, se eles fossem PROFISSIONAIS de vendas de verdade, eles entenderiam a oportunidade gigantesca que está diante deles naquele momento.

Vamos lá, sendo bem prático. Existem pessoas que vão comprar os seus produtos e pessoas que não vão comprar. Mas uma coisa é certa: os compradores primeiro vão olhar; a vida não é um amigo-oculto.

O cliente não compra a coisa na hora que você quer, e sim na hora certa pra ele. O momento de compra acontece quando a apresentação da solução vem no instante perfeito da jornada de compra.

CRIANDO EXPERIÊNCIAS LUCRATIVAS

Mas existem oportunidades em todas as fases dessa jornada, inclusive na hora do "tô só olhando", porque essa fase da jornada de compras, que antecede a decisão final de comprar, já está bem mais avançada do que a fase da descoberta do problema. Pense bem, pelo menos o cliente já entrou na loja.

Daí a importância de montar um funil dos clientes para entender o estágio de compra de cada um.

Pra cada etapa da jornada de compras existe um passo equivalente no funil de vendas. A busca pela conexão com o cliente se inicia muito antes de ele descobrir, de fato, o problema. É uma constante antecipação de movimentos de marketing buscando ser a solução real para essa necessidade.

Igualmente, temos cinco níveis básicos em funil de vendas: visitantes, leads, oportunidades, clientes e fidelização de clientes.

Definindo simploriamente cada nível, temos:

- **Visitantes**: são aqueles desconhecidos que entram no site da sua empresa de software, ou que estão no corredor de um shopping, próximos a sua loja de roupas;
- **Lead**: são aqueles visitantes minimamente interessados que se cadastraram para receber conteúdos e ofertas da sua página ou que estão agora namorando sua vitrine;
- **Oportunidades**: são os leads que abriram os conteúdos enviados pelo seu site e aceitaram dialogar sobre as oportunidades e vantagens do seu software. É uma fase de qualificação e separação entre os que estão realmente maduros para uma compra

164

6. EXPANSÃO

e aqueles que ainda não estão prontos. Seguindo a mesma linha de raciocínio para uma loja física, seriam aqueles clientes que entraram em sua loja, estão "dando uma olhadinha em seus produtos" e entendendo melhor o seu produto. Nem todos estão completamente prontos para comprar;

▶ **Clientes**: esta é a fase quente, em que começa a negociação de fato, quando os valores agregados e os preços dos produtos e serviços são apresentados. Em uma loja de roupas, é o momento que precede uma abordagem positiva e proativa de vendas. Para uma venda mais complexa como a de um software, um imóvel ou serviço, seja advocatício, publicitário ou contábil, essa fase pode se estender um pouco. Esse processo de vendas complexa costuma gerar novas divisões em etapas, que também seguem uma lógica de apresentação, negociação, proposta e fechamento. Quanto mais complexo e moroso for o processo de vendas, maiores serão as estratificações e os detalhamentos das tarefas em um processo apelidado de pré-venda;

▶ **Fidelização de clientes**: o fim da venda é um novo começo. É aqui que o relacionamento e a tentativa de recorrência comercial entram em cena. Afinal, é muito fácil vender para um cliente satisfeito do que iniciar todo um processo de vendas do zero. O envio de conteúdos, a manutenção de contatos frequentes e as ferramentas de pós-venda valem desde a empresa de software até a lojinha de roupas.

CRIANDO EXPERIÊNCIAS LUCRATIVAS

JORNADA DE COMPRA		FUNIL DE MARKETING
APRENDIZADO E DESCOBERTA	Atrair	VISITANTES
RECONHECIMENTO DO PROBLEMA	Converter	LEADS
CONSIDERAÇÃO DA SOLUÇÃO	Relacionar	OPORTUNIDADES
DECISÃO DA COMPRA	Vender	CLIENTES
DECISÃO DE RECOMPRA	Reter	FIDELIZAÇÃO

Tradicionalmente, alguns estudiosos de marketing, principalmente da área digital, gostam de separar esse funil entre os times de marketing e vendas, atribuindo aos marqueteiros a responsabilidade de atrair visitantes, gerando leads e convertendo-os em oportunidades de vendas. Já o time de vendas seria responsável pela segunda conversão, transformando oportunidades em vendas e trabalhando para sua recorrência.

Mas não gostamos muito dessa subdivisão. Acreditamos na sinergia das áreas entendendo que o marketing pode contribuir muito nas ações diretas de venda, revenda e fidelização, e, ainda, que o time de vendas deve trazer o feedback das negociações para a correção das vendas perdidas e para a otimização das vendas realizadas.

Contextualizamos os conceitos amplamente difundidos até aqui, mas, na verdade, sempre achamos esse funil tradicional com etapas e substantivos demais, com poucas ações e poucos verbos.

166

Precisamos de verbos, precisamos VOAR, precisamos CRESCER, precisamos VENDER.

Vamos ser mais práticos, OK? Três etapas, três verbos, três ações.

Captar, vender e reter.

COMO CAPTAR CLIENTES

Eu ligo ou espero a ligação? E, se eu não ligar, posso perder uma oportunidade? Claro que você já passou por isso. Aquele dilema de não querer parecer muito interessado pra ver se a pessoa desejada o valoriza. Mas também o receio de perder o *timing* e quebrar o encanto.

Não há fórmula mágica pra conquistar alguém, e vamos lhe dar uma dica: geralmente agir naturalmente, sendo você mesmo, é a melhor escolha. Afinal, não foi isso que criou um encantamento?

Toda conquista é uma venda de atributos, assim como toda venda é uma conquista de pessoas. Você deve estar pensando: "Pronto, paramos de falar de avião e agora eu vou aprender a namorar".

Não é bem isso, mas, se ajudá-lo, você fica devendo uma para este livro.

Ligar ou não ligar? Correr atrás ou atrair?

A resposta certa é: as duas coisas.

As ferramentas de atração do cliente são chamadas de *inbound* marketing ou marketing de atração. Já as ferramentas de *outbound* referem-se às ações de ir buscar o cliente, correr atrás dele.

Esses dois conceitos constantemente são colocados como rivais em uma estratégia de marketing e vendas. É como ligar ou não ligar para a pessoa desejada.

Difícil acreditar que essa pessoa perdeu todo o encanto por você só por conta de um telefonema, ainda que precipitado. Desculpe, mas é mais lógico pensar que ela nunca esteve encantada. Não vai chorar, né?

CRIANDO EXPERIÊNCIAS LUCRATIVAS

Como você já deve ter percebido, não gostamos muito dessa rivalidade entre departamentos, times e estratégias.

De volta ao nosso funil de vendas, vamos entender o papel de cada uma dessas táticas para montarmos um modelo completo de conquista.

Marketing de atração (*inbound*)

O nome já diz tudo: vamos atrair pessoas, não vamos atrás delas. Somos um ímã e nosso magnetismo se dá através de uma palavra chamada conteúdo.

Pessoas jurídicas atraentes são pessoas de conteúdo. Essa palavra é a grande sacada dessa estratégia; então, se você e o seu time não forem geradores de conteúdo, contratem alguém que seja ou desistam de usar marketing de atração. Seria como esperar a ligação de uma garota que nunca conheceu.

Vamos atrair pelo conteúdo. E sabe como vamos conquistar os clientes? Não será mostrando todas as qualidades de uma vez só. Existe uma sequência na entrega de todo esse conteúdo gerado para criar aproximação e desejo.

As estratégias do marketing de atração (*inbound*) consistem na geração de conteúdo relevante, conquistando os clientes de maneira gradual, ao longo da jornada de compras.

Vamos facilitar. Você será a pessoa desejada, e a nossa empresa será a pessoa jurídica que vai atraí-lo.

Fácil. Em cinco passos você estará apaixonado pela nossa empresa.

Passo 1: quem é você?

Precisamos saber se você vale a pena. Não queremos atrair para perto de nós alguém que não combine com nossos valores e propósitos. Vamos deixar claro as características que buscamos em uma pessoa.

168

6. EXPANSÃO

Como faremos isso?

Desenharemos o que chamamos de _persona_, que nada mais é do que um personagem fictício com as características que julgamos como ideais para os nossos clientes. Se você preencher os aspectos comportamentais, motivacionais e profissionais que buscamos, prometemos nos esforçar ao máximo pra sanar dores e angústias, dando um fim ao seu problema.

Passo 2: precisamos trombar em você

Agora que sabemos que tipo de gente você é, precisamos provocar nos conhecer.

Vamos criar conteúdos relevantes em um blog dentro do nosso site e contratar um profissional de _Search Engine Optimization_ (SEO), ou otimização para motores de busca. Assim, o Google e seus complexos algoritmos vão permitir que a nossa empresa tenha competitividade em meio a tantas opções no mercado. Além disso, habilitaremos nossas redes sociais com conteúdos que você costuma curtir; podemos não saber quem é você ainda, mas já sabemos que é o tipo de pessoa que nos interessa. Por fim, para aumentarmos a chance de uma trombada, vamos frequentar os locais que você frequenta, inserindo nossos conteúdos em blogs parceiros e redes sociais relacionadas.

Passo 3: vamos puxar um papo

De alguma forma, seja através das nossas redes sociais ou do conteúdo da nossa página, nós provocamos um encontro "casual". Vamos falar com você sobre algum assunto do seu interesse.

Se você procurou por um tema e "caiu" no nosso blog, ou se aparecemos pra você em suas buscas nas redes sociais, quer dizer que temos assuntos em comum. Precisamos ser felizes nesse primeiro encontro, afinal só temos essa chance para causar uma boa primeira impressão.

CRIANDO EXPERIÊNCIAS LUCRATIVAS

Passo 4: vamos aguçar sua curiosidade

Você já está na nossa página, já sabe algumas informações a nosso respeito. Prometemos revelar conteúdos ainda mais interessantes e aguçar sua curiosidade sobre esses assuntos que você tanto busca. Disponibilizaremos conteúdos sobre negócios, riquíssimos pra você: vídeos, cursos, webinar, podcast, e-books, infográficos, entre outros. Basta que nos dê um sorriso, ou melhor, o seu e-mail; melhor ainda, seu telefone. Em uma linguagem bem técnica, precisamos ativar links (*call to action*), levando-o para páginas de aterrisagem (*landing pages*) e solicitando seu cadastro (formulários de captação). Chato isso, não é mesmo? Nada como uma metáfora sobre encontros para tornar termos técnicos em inglês divertidos.

Passo 5: vamos chamá-lo pra sair

Mesmo demonstrando interesse, você provavelmente só vai se sentir à vontade para nos dar o seu e-mail; você é difícil e não vai sair trocando telefone com quem acabou de conhecer. Muitas vezes, basta um sorriso para o encanto acontecer, e esse e-mail é o suficiente para encantarmos você através de uma inteligência e automação de e-mail marketing, distribuindo conteúdos dentro de um fluxo de cadência adequado, para que você tenha total segurança e confiança de que podemos ser a solução para a sua vida.

Resumindo, o que fizemos foi atrair sua atenção, estabelecer uma relação agradável, relacioná-la com seus problemas e anseios e, por fim, nos apresentarmos como solução.

Seremos felizes para sempre?

Bom, só o tempo vai dizer, mas uma coisa é certa: se tudo que foi proposto for realmente executado utilizando ferramentas e profissionais competentes, as chances de conquista de clientes aumentam bastante. É trabalhoso, mas ninguém disse que seria fácil atingir o sucesso. A verdade é que, se você quer que alguém te ligue, você deve ser realmente interessante; as pessoas inteligentes gostam de conteúdo e não compram livro pela capa.

No exemplo citado, a evolução da jornada de compras se deu totalmente no ambiente digital. Isso não quer dizer que negócios físicos, fora desse ambiente on-line, não possam adotar estratégias de *inbound* marketing. Seja uma loja, um restaurante, um salão de beleza, uma instituição de ensino, uma fábrica ou uma oficina mecânica, todos temos possibilidades de relacionamento com clientes potenciais. Basta seguir a sequência de um funil de vendas: atrair visitantes, transformar visitantes em leads (cadastro), relacionar com os leads e convertê-los em oportunidades de vendas.

Marketing ativo (*outbound* marketing)

Costumamos dizer que o *outbound* marketing seria uma versão menos paciente de um conquistador de clientes. Esse negócio de esperar o cliente e atrair lentamente não combina muito com os profissionais de *outbound*.

O time tem que saber atacar também, o avião tem que acelerar em certos momentos, e você precisa ligar pra pessoa desejada de vez em quando. Chega de metáforas, né? Pelo menos por alguns parágrafos.

Bom, se o *inbound* – ou marketing de atração – foca no conteúdo relevante, as estratégias de *outbound*, ou marketing ativo, focam na abordagem positiva, visando abreviar etapas e avançar mais rapidamente no funil de vendas, gerando um consequente aumento na velocidade da jornada de compras de um cliente. Estamos na fase de captação e queremos entregar logo os clientes potenciais (leads) para o time de vendas.

Há quem considere o *outbound* marketing ultrapassado e esgotado no mercado atual. Esses argumentos errôneos são emitidos levando em conta que as mídias tradicionais (rádio, TV, outdoor) estão alocadas nas estratégias de *outbound*. Mas a verdade é que esse marketing ativo é tão importante

CRIANDO EXPERIÊNCIAS LUCRATIVAS

quanto o marketing passivo (*inbound*), e suas estratégias devem ser complementares, e não adversárias.

Assim como fizemos nas estratégias de *inbound*, vamos tentar conquistar você com ações de *outbound* marketing.

Agora não vamos mais atraí-lo; vamos correr atrás de você. Mas vamos entender os seus sinais antes de uma aproximação. Serão cinco passos novamente.

Passo 1: já sabemos quem é você. Pule esse passo

A definição da *persona* é a mesma do *inbound* marketing, ou seja, a personificação do nosso público-alvo.

Passo 2: não olhe assim

Não podemos parecer desesperados. Então, precisamos ver você e ser vistos por você. Então vamos aparecer, do nada, na sua vida; basta você dar um sinal de interesse. Estamos falando de Google Ads. Basta você pensar em palavras mágicas (chave) e vamos aparecer para você, em forma de texto, vídeo, áudio e/ou imagens. Não é mágica, são *adwords*. Vamos comprar as palavras-chave e após alguns testes (teste AB) vamos saber como você prefere nos ver: em uma busca simples no Google, em um link patrocinado, em um banner dinâmico na rede de display do Google ou no início de um vídeo no YouTube.

Passo 3: não sorria desse jeito

Bom, você nos viu e não ficou só olhando. Você sorriu, ou melhor, clicou no banner, ou no anúncio do Google, ou entrou na minha página. Agora nossas chances aumentaram. É um sinal evidente de que não passamos despercebidos. Precisamos olhar você de novo. Aqui lançamos mão do remarketing, que nada mais é do que a repetição de um anúncio pra quem mostrou o mínimo de interesse por ele.

6. EXPANSÃO

Passo 4: contato físico, vamos esticar a mão pra você

Como dissemos, os caçadores de clientes em *outbound* são rápidos e não se limitam aos canais óbvios. Por isso, vamos surpreender você em locais inusitados. Você vai nos ouvir em um rádio falando com você, vai receber um papel (mídia impressa) com o nosso nome (marca) e, olha só, você vai entrar em uma livraria e lá estaremos nós com a capa deste livro, olhando no fundo dos seus olhos. Quem sabe até você não nos veja em um programa de TV, patrocinando algum comercial, ou como popstars em um evento corporativo, uma feira ou um lançamento de um livro. Vai parecer obra do destino.

Passo 5: muito prazer!

Descobrimos do que você gosta, seguimos você por todos os lugares possíveis, você já demonstrou interesse... O que pode dar errado?

Nosso papo pode ser chato.

É por isso que essa fase seguinte se chama "Como vender para clientes". É hora de mostrarmos realmente quem somos e de conquistá-lo de vez. Já captamos você, mas ainda não o ganhamos. Você apenas topou um café.

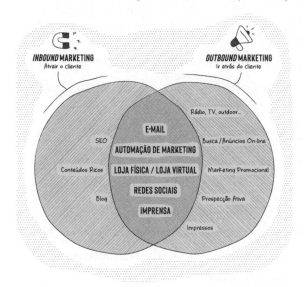

Procuramos mostrar que tanto o marketing passivo do *inbound* quanto o marketing ativo do *outbound* são de extrema importância para as empresas e devem conviver harmonicamente, para captação de clientes.

Encerramos essa fase de captação com a figura a seguir, que explana bem o funil em Y, recebendo e qualificando potenciais clientes tanto com marketing ativo quanto com marketing passivo. O funil em Y mostra claramente as duas formas de captação trabalhando juntas e gerando o máximo de oportunidades possíveis, abastecendo a chamada máquina de vendas.

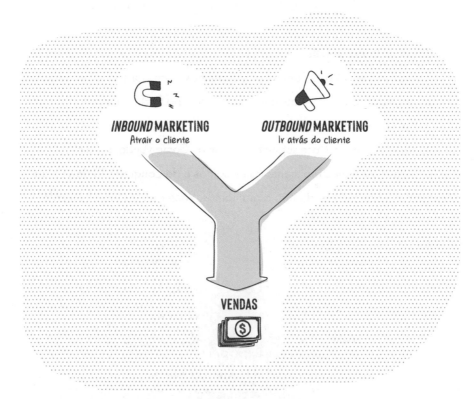

Em resumo, não importa se você vai ligar ou receber a ligação de alguém. Se vocês realmente conseguiram prender a atenção um do outro, esse encontro tem tudo para acontecer.

COMO VENDER PARA CLIENTES

Já captamos potenciais clientes de maneira ativa e passiva. Estamos cheios de oportunidade. É hora de vender.

Vender é entregar a solução de um problema e cobrar um valor por isso. O grau de complexidade da venda está diretamente relacionado ao desembolso que a compra exige e ao grau de comprometimento que essa compra gera.

Para uma pessoa física, a decisão de comprar um pão de queijo é muito mais rápida do que a decisão de comprar uma casa. Da mesma maneira, para uma pessoa jurídica, é muito simples comprar papel A4 para impressora e muito mais complexo contratar uma consultoria, uma contabilidade ou a licença de um software.

Ou seja, quanto maior o ticket médio da compra e maior o tempo de comprometimento dessa aquisição, mais lenta será a trajetória do cliente na sua jornada de compras.

Para entender melhor, vamos dividir esse processo de vendas em dois tipos: vendas simples e vendas complexas.

Vendas simples

Imagine uma empresa de "porta aberta para a rua", em corredores de compras, galerias ou shopping centers. Pode ser uma ótica, um salão de beleza, uma lanchonete ou uma loja de presentes.

Essas empresas realizam o que chamamos de vendas simples, jornada de compras curta. Nesse tipo de vendas, o cliente tem uma necessidade clara, já possui amplo conhecimento sobre o produto ou serviço que está comprando e suas dúvidas resumem-se ao local em que vai comprar e à seleção do item específico. Ao comprar óculos de sol, o processo entre entrar em uma ou duas lojas, escolher entre uma dezena de modelos e comprar se resolve em um passeio, na maioria das vezes.

CRIANDO EXPERIÊNCIAS LUCRATIVAS

É tudo muito rápido. Isso sem falar nas vendas por impulso, em que poucos segundos separam a descoberta da necessidade do pagamento da compra. Pausa, toma café, paga e vai embora. Não ocupou uma linha sequer deste parágrafo.

Fácil imaginar, concorda?

Fácil imaginar, mas nem tão fácil assim vender; são muitas opções pra cada necessidade, e ainda tem outro fator: o sistema.

Um sistema só é viável se estiver dentro de outro sistema viável. Traduzindo, pra um varejo "de rua" ou de shopping gerar boas vendas, esse sistema de rua ou de shopping deve estar repleto de pessoas. Esses sistemas são os criadores de oportunidades e de viabilidade. Não é coincidência o fato de os pontos comerciais mais caros do mundo estarem situados nas ruas, nos shoppings e nos corredores de compras com maior movimentação de pessoas.

Como vender e se destacar da concorrência nesses casos?

Além de um bom produto, que foi tema da nossa matriz inicial, amplamente debatida neste livro, temos três fatores que contribuem para o sucesso de uma venda em grandes centros de varejo: localização, ponto de vendas e atendimento (encantamento).

A localização é um agente facilitador do tráfego; o ponto de vendas é responsável por fornecer a experiência sensorial do produto; e o atendimento é a ferramenta de conversão de oportunidades em vendas.

Uma venda digital em um e-commerce de varejo também pode ser considerada como uma venda relativamente simples, possuindo os mesmos pilares de sucesso, porém com outras nomenclaturas: posicionamento, UX (experiência do usuário) e autonomia.

O trabalho de posicionamento on-line é equivalente à localização no varejo, muitas vezes mais caro, inclusive. A chamada experiência do usuário (EU), ou *user experience* (UX), substitui a experiência no PDV, e o atendimento

176

humanizado é suprido pela autonomia de compra do usuário. Assim como uma loja física de varejo deve prover diversos investimentos em profissionais de arquitetura, designers e vitrinistas para criação de uma boa experiência, uma loja on-line deve direcionar recursos para a contratação de desenvolvedores, designer de UX e profissionais de marketing digital.

A venda de um livro como este pode ser considerada uma venda simples, e suas chances de sucesso aumentam bastante se escolhermos pontos de venda físicos e digitais que estejam bem localizados/posicionados, que entreguem boa experiência aos clientes/usuários e que promovam um atendimento/autonomia que favoreça a conversão das oportunidades em vendas.

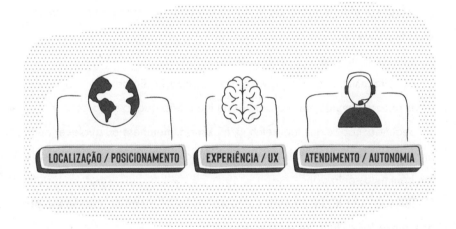

Pois bem, se o seu negócio tem algum ponto fraco em um dos três pilares citados, terá que compensar essa fraqueza com amplo diferencial em outro pilar do tripé.

Agora, se o seu negócio tem fraqueza em todos esses pilares, aí você só terá uma única chance de sucesso: criar um produto perfeito, muito desejado e com uma experiência autêntica.

Querem mais um exemplo real? Então vamos falar do Mr. Tugas.

CRIANDO EXPERIÊNCIAS LUCRATIVAS

Mentalize uma pequena pizzaria montada em um chalé familiar improvisado. Na frente do chalé, uma pequena piscina antiga de fibra bem domiciliar. Esse pequeno chalé fica em um bairro afastado, um circuito de 35 minutos de carro partindo do centro da cidade. Tem mais: o chalé fica em uma rua sombria, escura, no alto de uma ladeira, onde o asfalto dá lugar a uma porção de terra com pedras escorregadias.

Vamos às instalações. Logicamente o chalé não tem estacionamento pra todos, não tem fachada nem letreiro virado pra rua, não tem sinalização de entrada, e, pra se ter acesso, tem que subir uma rampa íngreme de cimento batido.

Quando completa essa escalada, você encontra uma curta escada que dá acesso ao salão, ou melhor, à salinha, com poucas mesas e cadeiras e um forno à lenha à esquerda. Não há área de espera coberta, e o lugar é extremamente frio.

Ao sentar-se à mesa, algumas descobertas:

Primeira: as únicas cervejas vendidas na pizzaria são de autoria do dono, feitas artesanalmente em sua panela de inox. São quatro sabores, e só.

Segunda: não se aceitam ketchup, mostarda, maionese ou qualquer outro molho; apenas o molho de tomate, os pestos e os azeites aromatizados, também feitos pelo dono.

Terceira: não há funcionários. Apenas o dono, a esposa, a mãe e o pai operam todas as funções da empresa.

Lembra-se dos três pilares: localização, experiência de PDV e atendimento? Esse negócio tinha tudo pra dar errado.

Mentalidade vencedora. Lembra dessa expressão?

Ela está tatuada na alma do dono dessa pizzaria, Hugo Siqueira, ou simplesmente Tugão. Só de você olhar pra esse baixinho marrento, do queixo arrebitado, dava pra saber: esse moleque vai dar trabalho.

Por falar em trabalho, o cara acordava às cinco da manhã pra cortar lenha, depois começava a produzir tomate seco caseiro e o seu molho de

178

6. EXPANSÃO

tomate secreto. Em seguida, aromatizava os seus cinco sabores de azeite e iniciava a produção de cerveja.

Depois era "fácil": abria as massas, separava os recheios e produzia sozinho em seu forno à lenha, atendendo a toda a demanda do salão. Meia-noite limpava a pizzaria e ia dormir.

Todo dia essa rotina, durante um ano. Porque após esse período, meus amigos, a fila de espera da pizzaria era duas vezes maior do que a capacidade de atendimento do salão.

De lá pra cá, quatro expansões. Hoje, o Mr. Tugas tem quase quatrocentos lugares, quatro salões, espaço privativo pra eventos e uma cervejaria profissional com rótulos espalhados e já revendidos por mais de cem pontos de vendas.

Hoje, o atendimento dos mais de setenta colaboradores conta com treinamento, dinâmicas e reciclagens constantes. E a experiência sensorial do ponto vendas virou *case* constante de estudos das faculdades locais. O endereço é o mesmo, mas parece até que ficou mais próximo.

A arquitetura do antigo chalezinho é hoje uma das mais elegantes do país. O estacionamento atende perfeitamente à sua capacidade, e a fachada imponente pode ser vista muito antes de subir a ladeira da rua, agora asfaltada.

Só algumas coisas não mudaram: não aceitamos ketchup, só vendemos a nossa cerveja, e a família ainda trabalha no local.

Essa história mostra que uma empresa pode conseguir vencer sem se apoiar inicialmente nos três pilares citados em uma venda simples: localização, experiência do PDV e atendimento.

Mas são casos raros; então, se você não tiver a raça e o talento do rapaz citado aí nesse *case*, é melhor investir nesses três fatores elencados, porque não é fácil transformar pontos fracos em uma experiência autêntica, como sempre fez o Mr. Tugas.

Vendas complexas

Conforme demonstrado, uma venda simples tem uma jornada de compra muito rápida por parte do consumidor, em que as etapas de funil até se fundem entre a captação e a venda propriamente dita. A compra está focada na experiência, no encantamento e na comodidade do cliente. As estratégias de *inbound* e *outbound* são utilizadas com foco muito mais cativante e subliminar do que informativo.

Não há complexidade para vender alimentos, roupas, acessórios ou este livro. Se os produtos forem realmente bons, basta disponibilizá-los de maneira facilitada e bem comunicada ao cliente que a chance de venda será grande. Agora, se o produto não tiver encaixe com o mercado, aí o problema será resolvido voltando algumas páginas nesta obra.

Uma venda complexa, como a de uma casa, um software ou uma consultoria, é uma decisão pensada, analisada e lenta. O *inbound* e o *outbound* devem seguir um fluxo mais cadenciado ao longo da jornada, e as fases de compras possuem divisões mais óbvias de suas etapas.

Uma vez que os clientes já foram captados, quais são as etapas subsequentes no processo de vendas?

Costumamos abreviar assuntos e simplificar esses milhares de subdivisões. Então vamos facilitar. Toda venda acontece após uma fase inicial de captação. Isso você já entendeu, mas a principal diferença entre uma venda simples e uma venda complexa é que na venda simples tudo acontece ao mesmo tempo, e na venda complexa existe ainda uma pré-venda.

Mas o que seria essa tal pré-venda?

Vamos entender. A fase de captação de vendas serve para uma pré--qualificação dos potenciais clientes, economizando tempo perdido com pessoas desinteressadas ou apenas curiosas pelos nossos produtos. Não adianta tentarmos vender uma consultoria empresarial pra quem não tem

6. EXPANSÃO

uma empresa, ou vendermos uma casa pra que não está disposto a comprar uma no momento.

Como vimos no tópico de captação de clientes, o *inbound* marketing e o *outbound* marketing, trabalhando em conjunto, nos trouxeram oportunidades de vendas, ou seja, nos trouxeram clientes que desejam nosso produto.

Porém, nem todos dispõem de recursos para sua aquisição. Ou seja, podemos ter clientes potenciais (leads) interessados em comprar uma casa, mas ainda não sabemos o tipo de casa exato nem o valor que eles querem pagar.

É aqui que entra a pré-venda. A fase que vai filtrar os clientes potenciais, entender suas diferenças, suas preferências e seus anseios e propor soluções customizadas para cada tipo de necessidade. O marketing fez uma primeira qualificação dos clientes (*Marketing Qualified Leads* – MQL), mas na venda complexa existe ainda uma qualificação de vendas (*Sales Qualified Leads* – SQL). É chato, por isso se chama "venda complexa".

A pré-venda, ou, como alguns moderninhos preferem chamar, o *Sales Development Representative* (SDR), ou ainda os HUNTERS (caçadores), é responsável por gerir o cliente potencial, qualificando-o, levantando suas necessidades e entendendo o melhor momento de abordagem. Hoje em dia, fazemos esse trabalho em um software, um CRM básico, mas por muito tempo usávamos notas adesivas coloridas e quadro-negro para segmentar e classificar a temperatura de uma negociação.

Tanto faz a ferramenta que você utilizará, o importante é saber separar os clientes e determinar as ações para cada nível de segmentação. Quanto mais quente for o relacionamento, mais direto será o contato.

Após a conclusão desse trabalho de pré-venda, entra em cena o papel principal do vendedor ou *closer*, que é converter e concluir a venda de fato. Agora é só empurrar a bola pra dentro e fazer o gol.

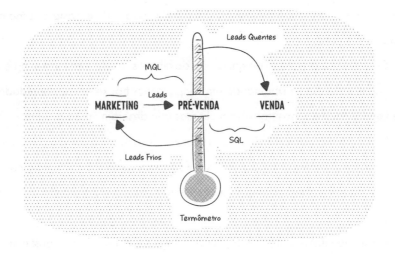

Voltando ao nosso prometido cafezinho, essa é a hora de conquistar você.

Dica 1: relaxe! Não vamos encher o seu saco

Não vamos ligar pra você trinta vezes nem ficar no seu pé. Já estamos em um nível avançado de confiança. Temos o *timing* correto para contatos. Olha que bacana esta frase: "Já podemos falar de negócios ou ainda está cedo?". Isso não o deixa à vontade, demonstrando nosso interesse paciente e agradável?

Dica 2: prometemos, será um diálogo fluido, e não um monólogo

Criamos *rapport*, ou seja, geramos empatia e interação com você, ouvinte. Vendedor bom ouve primeiro, não fica discursando sem parar; ninguém aguenta um falastrão, não é verdade? "Então vai lá, fala um pouco mais sobre você e sobre os seus problemas."

Dica 3: não falaremos besteiras nem seremos metidos

Temos autoridade sobre o nosso assunto e sobre o nosso produto, mas entendemos que toda conversa deve ser uma oportunidade de aprendizado.

"Entendemos você perfeitamente. Podemos lhe apresentar o nosso ponto de vista e as nossas soluções?"

Dica 4: nada será forçado, tem que ter química

Não seremos abusivos. Assinar o contrato ou vencer a conquista exige uma abordagem positiva e não agressiva. Faremos o grande momento acontecer.

"A nossa caneta ou a sua?"

Dica 5: não vamos desistir tão fácil

Transformaremos seu possível "não" em "talvez". Programaremos uma nova abordagem, se preciso for. "Vamos entender o seu NÃO como um AINDA NÃO. Nosso momento vai chegar."

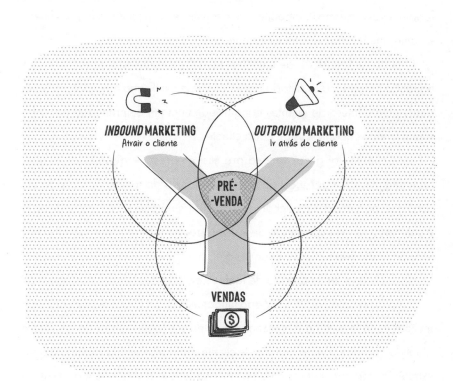

CRIANDO EXPERIÊNCIAS LUCRATIVAS

COMO RETER CLIENTES

Entendemos seus gostos e suas preferências, seguimos seus passos, fizemos charme, atraímos seu olhar, abrirmos nosso coração, chamamos você pra sair e finalmente recebemos o esperado SIM!

Agora não vamos perdê-lo de maneira alguma.

Aqui na empresa essa é a nossa filosofia. Cliente não é pessoa jurídica; cliente é amigo. E amizade sempre foi o nosso maior patrimônio. Prova disso é que temos dezenas de clientes que estão conosco há mais de uma década. Para uma prestação de serviços não essencial, como é o caso da consultoria, consideramos dez anos um número extraordinário. Esses são nossos maiores troféus.

Reter clientes é vibrar com o sucesso alheio, é contribuir positivamente para que isso aconteça, é se dedicar ao outro com o mesmo empenho que faria por você mesmo. E acredite: é inteligente ser bom, fazer o bem faz bem, e vamos lhe mostrar isso tecnicamente.

O custo de aquisição de um cliente (CAC) é calculado a partir de uma equação simples, na qual todos os esforços de marketing e vendas são divididos pelo número de clientes conquistados em um determinado período. Assim teremos quanto custou cada cliente.

Esse cliente vai gerar receita pra sua empresa enquanto for cliente, logicamente. Essa geração de receita ao longo do tempo ou da vida útil do cliente na sua carteira é chamado de *Life Time Value* (LTV). Esse indicador é calculado através da divisão de todos os recursos gerados por cliente pelo tempo médio desse cliente na carteira.

Você já deve ter se fartado de tantas siglas de três letras, não é mesmo?

Essas duas siglas, CAC e LTV, são fundamentais pra você entender que vale muito a pena investir na manutenção e na extensão de vendas de um cliente atual do que investir na captação de clientes novos. Logicamente que as duas estratégias não são mutuamente excludentes e devem sempre andar de mãos

6. EXPANSÃO

dadas. Porém, se as empresas se dedicarem mais a manter sua base de clientes amplamente satisfeita, seus resultados serão potencializados incrivelmente.

Observe o caminho das pedras que usamos:

- Cliente satisfeito gera receita recorrente para a nossa empresa – recorrência aumenta receita, aumenta LTV e reduz CAC;
- Clientes satisfeitos protegem a reputação da nossa empresa – reputação favorece vendas orgânicas sem custos e reduz o CAC;
- Cliente satisfeito indica novos clientes espontaneamente – indicação ou recomendação aumentam receita e reduz o CAC;
- Clientes satisfeitos compram mais produtos – aumento do ticket médio eleva a receita e o LTV;
- Clientes megassatisfeitos nutrem amor, e o amor é viral – "viralização" aumenta vendas de modo exponencial, reduzindo o CAC.

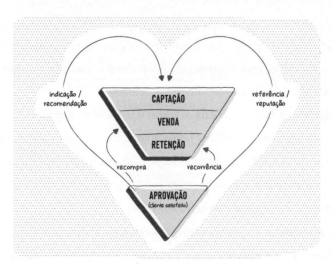

CRIANDO EXPERIÊNCIAS LUCRATIVAS

Entenderam o esquema gráfico?

Gaste tempo e recursos com seus clientes atuais, pois esse mesmo custo será reduzido no futuro, pois os clientes atuais atuarão como advogados e promoters da sua empresa. E farão isso gratuitamente.

Pense em toda a jornada de compras que um cliente percorre até nos contratar. Fazê-lo comprar de novo é abreviar todas as etapas de descoberta, aprendizado, reconhecimento do problema e avaliação. O cliente atual já nos conhece; já sabemos até a cafeteria preferida dele.

Por falar em cafeteria, precisamos falar de um cliente: Rellicário Brigaderia e Café.

Quando olhamos pra essa operação, pensamos em algo muito pequeno, certo? Uma brigaderia, quem ganha dinheiro com isso?

Pois é, ela era pequena mesmo e começou com pouquíssimos clientes, restritos a um único bairro da sua cidade. Mas nunca foi uma empresa qualquer. O bolo de cenoura, famoso "fofinho", não saía do forno, saía da alma. As exuberantes receitas de rocambole, tortas geladas, bolos de pote, servidos com o maior esmero do mundo. O que falar do disputadíssimo Bolovete, uma mistura cremosa e autêntica de bolo caseiro com sorvete artesanal, servido em uma farta caneca. É um show!

Era pequenina, mas cresceu, está abrindo a terceira unidade e tem mais de trinta propostas de investidores em análise para abertura de outras. Chamamos a Rellicário, carinhosamente, de Starbucks brasileira. Acredite: é um grande elogio à Starbucks, ela ficaria orgulhosa.

A Rellicário já lançou mais de mil produtos, de hambúrgueres coloridos a cápsulas de cappuccino solúvel, totalmente autoral. Para desespero de seus consultores, eles continuam lançando produtos diariamente. É um negócio raiz, mas muito Nutella também.

Sabe qual é o segredo da Rellicário?

Os clientes sempre voltam e não querem ir embora. Encantamento e retenção. O foco na máxima satisfação do cliente começa desde os lançamentos

6. EXPANSÃO

diários de produtos novos até a arquitetura intimista da loja. Mas o segredo é o amor ao servir um cliente. E, como sempre dissemos, o amor é viral, e, para uma xícara de café com brigadeiro belga, a melhor propaganda só poderia ser o boca a boca. Assim, a Rellicário criou o clube de assinatura do café. Adivinha? Sucesso e casa cheia todo dia.

E o preço? Não é caro nem baratinho. É carinho. E carinho não tem preço.

Esse *loop* da recorrência citado é estratégia comum de grandes marcas como Netflix, Spotify e as operadoras de telefonia. E-commerce de varejo como os clubes de vinho e cerveja estão apostando na recorrência de seus programas de assinaturas há vários anos, assim como diversos softwares, principalmente no modelo Saas. O mundo fitness, com seus planos recorrentes e empresas da área de negócios, como consultorias, contabilidades e advocacias, também buscam essa fidelização de contratos mensais.

Mas o mais importante é entender que não é o modelo de contrato que fideliza clientes; é o sucesso do cliente com seu produto ou serviço que vai dizer se ele continuará comprando de você. Não crie modelos recorrentes; crie recorrência pela máxima satisfação. Você pode fidelizar um cliente em qualquer tipo de negócio; se aprender como se faz isso, você terá entendido muito sobre a vida, de uma forma geral. Nascemos para ajudar pessoas a encontrar sua felicidade e, quando aprendemos isso, nos transformamos nos seres mais felizes do mundo!

7.
CONCLUSÃO

CRIANDO EXPERIÊNCIAS LUCRATIVAS

Conclusão é pra concluir. Já falamos demais.

Quer um resumão?

Desenvolva produtos perfeitos e intuitivos. Resolva problemas reais. Produza satisfação e encantamento.

Lucre, você merece, e seus clientes também.

Adote os problemas como dádivas da vida. Cerque-se de pessoas melhores do que você. Seja rápido, flexível e redondo. Teste e monitore sua operação. Inove e melhore.

O mundo precisa de gente como você.

Construa e distribua riquezas. Reinvista, crie empregos. Arrisque com inteligência. Tenha coragem.

Sonho grande é para quem "dorme bem", e não para quem "dorme muito".

Estude o infinito, aprenda a bater as próprias asas, trace um plano de voo, abasteça sua alma e voe!

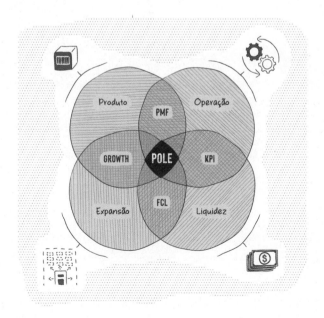

CRIANDO EXPERIÊNCIAS LUCRATIVAS

Contamos algumas técnicas preciosas sobre o nosso modelo de gestão.

Você deve estar se perguntando: "Por que esses caras revelaram seus segredos?".

Porque esse é o segredo da vida. Compartilhar conhecimentos e experiências positivas (lucrativas), para que tenhamos um mundo melhor.

Quem guarda muitos segredos é porque tem muito a esconder. Já quem compartilha recebe mais conhecimento de volta.

Se você leu até o final e concorda com isso, compartilhe. Dê este livro de presente pra alguém e talvez você receba no mínimo um sorriso de volta. Acredite que fazer alguém sorrir é uma das experiências mais lucrativas da vida.

Seja feliz! Espero você pra um café!

POSFÁCIO

AINDA MUITO DIFÍCIL...

Sempre adorei escrever. Porém nunca imaginei construir um livro. Quando meu sócio cogitou essa empreitada, eu confesso que não dei muita credibilidade. Mas, ao tentar escrever a primeira página, me encantei com o projeto e transformei os muitos minutos de redação em ótimos momentos na minha quarentena. Agora, só posso agradecer esse convite incrível.

Foi fantástico contar para o mundo aquilo que fazemos há quinze anos e dividir nossos pensamentos e nossa filosofia com pessoas desconhecidas. E, acreditem, eu aprendi muito sobre nosso próprio método e sobre mim mesmo.

Infelizmente, ainda nos encontramos em estado de calamidade, sem saber quando a pandemia será estabilizada. Mas esse período está sendo muito reflexivo, cheio de oportunidades para ressignificar as crenças que nos limitam. Prova disso foi que em oito semanas executamos algo que nunca sairia do papel em dias comuns: um livro.

Enfim, continuamos com nosso pensamento positivo e com nossa força de vontade em alta. Não seremos os mesmos quando vencermos essa fase. Podemos ser ainda melhores!

Anibal Maini

Este livro foi impresso pela Edições Loyola
em papel pólen bold 70g em maio de 2021.